基于大数据分析的
高校图书馆信息服务创新研究

汤文亮　项峻求　桂玉杰 ◎ 著

吉林出版集团股份有限公司

图书在版编目（CIP）数据

基于大数据分析的高校图书馆信息服务创新研究 / 汤文亮，项峻求，桂玉杰著. — 长春 ：吉林出版集团股份有限公司，2022.9

ISBN 978-7-5731-1956-8

Ⅰ. ①基… Ⅱ. ①汤… ②项… ③桂… Ⅲ. ①院校图书馆－图书馆工作－情报服务－研究 Ⅳ. ①G258.6

中国版本图书馆 CIP 数据核字(2022)第 144745 号

基于大数据分析的高校图书馆信息服务创新研究

著　　者　汤文亮　项峻求　桂玉杰
责任编辑　郭亚维
封面设计　王晓慧
开　　本　710mm×1000mm　1/16
字　　数　218 千
印　　张　12.5
版　　次　2023 年 3 月第 1 版
印　　次　2023 年 3 月第 1 次印刷

出版发行　吉林出版集团股份有限公司
电　　话　总编办：010-63109269
　　　　　发行部：010-63109269
印　　刷　北京市兴怀印刷厂

ISBN 978-7-5731-1956-8　　定价：79.00 元

前　言

随着物联网、移动互联网和新一代信息技术的不断发展，如今社会已经进入了大数据时代。在海量数据的包围之下，信息呈现出爆炸式的增长，人们在获取与发布信息更加方便、快捷的同时，也产生另一个问题，即人们从纷繁复杂的信息中获取自己所需高价值信息变得较为困难，通常会花费过多的时间和精力。高校图书馆作为高等院校中一个具有文化传承标志性的、不可或缺的重要组成部分，其在为师生高效率地提供高价值信息方面具有十分重要的作用，有义务将有针对性、高效用的信息及时提供给有需求的读者用户。因此，面向今天这个大数据时代，如何从海量信息中快速获取高价值信息，并将其个性化地精准提供给用户，俨然成为当下高校图书馆信息服务创新发展的方向。

数字技术和数字经济的迅猛发展，有力地冲击了现有图书管理人员的工作模式，信息提供手段及途径也在相应改变。大数据的分析结果不仅使人们获得新认知、创造新价值，还在一定程度上改变了市场模式和组织机构，而且为图书馆数字化发展提供了技术支持。高校图书馆是服务于教学与科研的学术性机构，与学校中心工作息息相关。所以在大数据时代背景下，对高校图书馆海量数据进行分析、整合就变得很有必要，变革数字图书馆信息服务的理念、资源、技术和策略，必将有助于加强其基于资源信息整合、用户需求的挖掘。在信息服务中融入智能决策的技术，使得馆员的职能发生相应的改变，如决策、数据管理、信息资源服务等。

高等学校履行其“科教兴国”主力军的历史重任，要培养出具有创新精神和创新能力的高素质人才，要在知识经济大潮中施展才华，无不依赖其利用信息、发掘信息、升华信息进而提升决策的能力。所以在大数据时代背景下，对高校图书馆海量数据进行分类、分析、整合就变得很有必要，变革数字图书馆信息服务的理念、资源、技术和策略，必将有助于加强其基于资源信息整合、用户需求的挖掘。图书馆管理和信息服务若要不断得到提升，就必须不断创新服务模式，其服务方式、资源存储及数据处理技术等也要与时俱进更新，以促进图书馆持续健康发展。

本著作提出一种基于 Hadoop 的图书馆数据处理分析系统及信息服务创新模式，在图书馆的工作系统中融入大数据智能决策，给传统的信息服务增添了新的活力，使得图书馆真正成为开放性的社会化图书馆。图书馆管理和信息服务模式创新使得其服务方式、资源存储及数据处理技术等与时俱进更新，能为科研工作者、读者提供更好的服务内容和服务质量，促进图书馆信息服务事业持续健康发展，从而具有较高的理论意义与应用价值。

本著作共 9 章，前 3 章是基本概念，从高校图书馆信息服务概论、图书馆大数据到 Hadoop 概述，有理论介绍，也有技术概念。接下来用 4 章的内容，阐述了高校图书馆信息管理与传统信息服务、高校图书馆信息服务变革、大数据时代图书馆数字资源的融合、大数据时代高校图书馆信息服务创新内容等与信息服务创新的相关内容。然后用 1 章内容讲述技术案例，即大数据时代图书馆信息创新服务应用案例。最后 1 章给出大数据时代高校图书馆信息服务展望。其中，由汤文亮编写第 2、3、7、8、9 章，项峻求编写第 1、4 章，桂玉杰编写第 5、6 章。

本著作作为江西省社会科学基金项目（14YD002）的资助成果，感谢江西省社会科学院的支持，同时也有我的研究生杜涛、张秋淼等人合作共同取得的科研成果融入其中。特别是在编写过程中，得到了王静高工、杨真高工和牟明慧老师的精心指导和帮助，正是他们做了大量文字校对工作及提出的一些宝贵意见和建议，提高了本著作的编写质量，在此一并感谢。

本著作可以作为高校教师、图书管理人员、数据服务工程师以及本专科生的教学参考用书，也可以作为相关培训教材，还可供相关技术与管理人员参考。由于作者水平有限，各种疏漏在所难免，恳请广大读者批评指正，将意见和建议发至 twlecjtu@163.com，不胜感激。

目　录

第 1 章　高校图书馆信息服务概论

1.1　我国高校图书馆信息服务概述

高校图书馆是高校的一个组成部分之一，服务于高校师生是它的一个基本功能。高等学校应当贯彻和落实国家的各项教育方针，并为国家的社会主义现代化建设培养符合各领域发展的有用人才并源源不断地提供优质人才储备。高校图书馆作为学校的信息资源中心，是集教育教学、科研攻坚、知识创新等为一体的信息机构[1]；因此，图书馆采用先进的现代化管理技术进而实施科学管理是顺应时代发展潮流的举措，不断提高图书馆服务水平及图书馆工作质量，切实满足各类读者的阅读需求，为高校的教学及科研工作提供充足且真实的文献资料保障。

1.1.1 高校图书馆的职能

其主要的职能主要包括：

第一，建设囊括实体馆藏书籍和网络馆藏文献库等的信息资源库，对馆内的各类实体及虚拟的文献资源进行科学有效的管理。

各类文献资料信息是图书馆提供服务的基础，从事科研、科技等智力活动的用户群体能快速准确地获取所需的信息资源，确保顺利推进工作和思想交流传播，是图书馆文献信息资源所需要涵盖的首要内容[2]。图书馆应依据本校的实际教学情况和科研工作的需求来定位馆藏特色和建设文献体系，在文献收集的过程中应当丰富文献的种类，如纸质、电子及其他载体类型文献的采购，对于较为重要的文献以及特色资源应当确保文献的连续性和完整性，尤其应当注重本校发表的文献及和本校有关文献资源的收藏。与此同时，图书馆很有必要展开数字资源和网络资源的建设，融合实体和网络虚拟资源，并在网上形成一套统一且高效的馆藏体系。对于已经收集到的文献资源应当根据图书馆的相关管理标准和管理条例进行布局和加工，对于新采集到的文献资源整理号后应及时发布馆藏信息，便于读者进行信息检索。

第二，需要做好文献资料的流动传阅、资源的接收及传送和资料的参考咨询工作，整合学校资源开发文献资源信息库，积极提供文献信息查阅服务。

文献流通、阅览等服务，是图书馆服务于读者工作内容中的的最基本任务，大多数的读者需求都可以通过这些服务得到满足。现代化技术手段在图书馆工作中应用得越来越多，图书馆应积极利用新技术拓展传统服务领域，将本馆的或者网上的数字资源，通过发达的网络，主动或被动地为读者提供文献信息服务，实现网上预约、续借、文献传递等网络文献信息服务[3]。图书馆从文献管理向知识管理转变的同时，针对一些读者的特殊需求，图书馆应该更加深入地对文献信息资源进行挖掘，为读者提供良好的信息检索、编译和分析等各种更加详细化的信息服务，既能满足读者在教学和科学研究方面的不同需要，同时也能提高各种文献的利用率。

积极开展信息方面的素质教育，培养读者获取文献信息、利用信息的能力以及信息获取意识。高校图书馆应积极参与校园文化建设，开展阅读推广等文化活动，全面参与学校人才培养过程，重视开展信息素质教育等重要任务[4]。高等学校的图书馆是各种信息聚集和融合的重要平台，拥有丰富的人力资源、信息资源及各种信息基础设施的优势，有责任和义务培养大学生快速获取信息、掌握信息和利用信息的能力，为培养面向 21 世纪的复合创新型人才做出贡献。

第三，优化文献信息，整合全校文献信息资料。

高校图书馆是学校的文献信息中心，各学院的资料室是全校文献资料信息保障体系中的重要组成部分，图书馆应充分发挥全校各院系及研究团队的整体力量，加强图书馆和院系资料室之间的联动，统筹全校各项文献信息资源[5]。图书馆不仅要做好分工协调工作，根据自身的性质和承担的任务，有所侧重地进行文献信息资源建设，将有限的文献购置经费用好、用足，避免不必要的浪费。图书馆还需要对各院系资料室的文献服务进行相应的工作指导，充分使校内的各种信息资源能够形成共建、共知、共享的良好局面，发挥文献资源体系的整体特点，提供充足的文献供广大教师和学生使用，充分满足他们的教学和科研需求。

第四，积极建设文献保障工作体系，达成资源共建、共知、共享的目的，同时多开展各种学术方面的协作和交流活动。

图书馆要积极参与文献保障体系建设，逐步形成有本校特色的馆藏体系，建立相关专业机构知识库，基于机构知识库开展出版服务是图书馆拓展与创新服务功能的重要选择之一[6]。图书馆需要充分利用现代化技术，加强与其他类型图书馆、其他地区图书馆的联系和合作，将自己纳入整个文献信息服务体系中，建立协同服务网络，实现相互之间的优势互补和资源共享，为本校的师生提供更加完善和丰富的文献信息资源库以及更加优质的服务，同时还应满足与本校有合作关系的单位或者个人的文献信息需求。

高校的图书馆不仅具有服务性，同时还具有学术性。伴随着现代化新技术在图书馆的应用和外界环境的不断变化，高校图书馆要研究在新形势下如何适应时代的需要，更好地开展工作，从而推动高校图书馆事业不断向前发展。

1.1.2 高校图书馆提供信息化服务的现实状况

高校的图书馆是全校的文献信息服务中心，也是教学基础和科学研究的重大支柱，同时也是信息最全面的收集地和发源地。伴随着计算机技术及计算机网络的发展，各高校的图书馆也迎来了全新的转变。

经过一段时间的发展，我国各高校的图书馆已经有了很大的变化，相应的物质方面的基础也得到了提升，从而使图书馆的各项功能都得到了极大的进步和提高。但不足之处也很明显，与公共图书馆相比，高校图书馆近乎处于封闭的状态，不对社会开放[7]。如今已进入了信息大爆炸时代，现有的公共图书馆已经很难满足广大读者的知识需求，这就促使读者去找寻更加丰富的信息资源。高校拥有着极为丰富的文献资料，信息储量大且质量高，知识体系全面，能够满足大部分读者的阅读需求，然而由于种种原因，目前仍旧无法对校外广大读者共享，无法为社会提供信息服务。

目前，大多高校图书馆存在着图书购置经费不足以匹敌日益上涨的图书价格，新书的采购量较少，导致许多新出版的文献、书籍等资料无法得到及时补给，文献信息资源库老化，质量得不到应有的保证。基础设施老化、软件更新缓慢且新技术应用滞后等问题严重影响了图书馆的现代化脚步，有的图书馆甚至已经严重到无法正常提供基本的职能服务。一般高校的图书馆自动化水平不高，数据库的建设规模普遍较小，仍未形成良好的网络化环境，书籍信息、文献资料等的共享程度极为有限。尽管目前少许高校图书馆已经初步具备了书籍管理自动化、网络化的水平，但其系统结构及功能还较为简单，距离数据的标准化和规范化还有很长一段路要走，且其软件的普适性和通用性还有待进一步检验，亟需完善和改进更新。此外，高校图书馆管理员的管理及服务水平不高也是高校图书馆亟需补齐的短板。

长期以来，许多高校的图书馆服务模式（如图 1.1 所示）较为传统、各自为政，造成了极大的人力、物力和财力资源的浪费，难以适应现阶段社会信息化、网络化的要求。

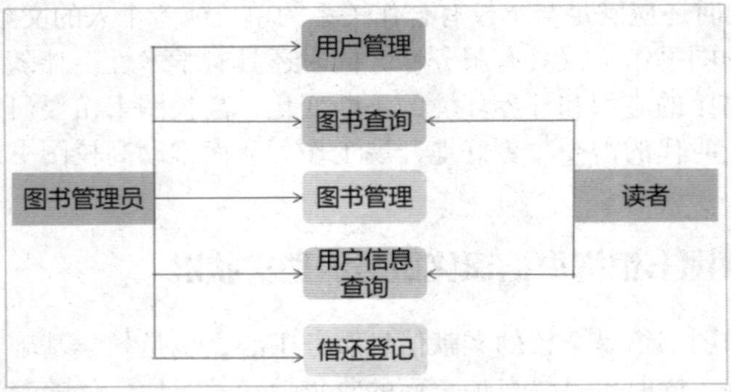

图 1.1　图书馆传统服务模式

1.1.3 高校图书馆信息服务存在的问题及对策

（一）高校图书馆信息服务存在的问题

1. 信息资源结构不合理

我国高校的图书馆资源主要由纸质文献、电子文献和网络资料等组成。其中纸质文献占图书馆的比重最高，包括图书、期刊、杂志及报纸等；电子信息资料包括数据库、缩微资源、电子书、教学视频等多媒体资源。现今网络资源极其丰富且使用便捷，受到了广大用户的青睐，诸如论坛、博客、在线学习网站等，用户可以随时随地发表自己的所见所闻，将无形的知识转化为显性的知识。此外，各大学术论坛的蓬勃发展使用户参考的信息具有了较为权威的参照，资料来源和可信度大大提高了。尽管我国各高校逐步加强了对电子资料及网络资源的重视，但对纸质文献的管理还是占绝对主导地位。对于网络资源这块，大部分图书馆的做法都是简单地提供网站链接，并没有深入的去了解或者解析该网站资源的组成、主要内容等。

2. 信息服务内容深度不够

我国高校的图书馆为读者提供的信息服务大多包括借阅传统文献、文献参考及咨询、Web 信息服务等。虽然有的高校提供的信息服务内容多样、形式丰富，但总体上提供的信息服务内容的深度还不够，还停留在较为基础的信息服务层面。随着现阶段各种新型技术的飞速发展，用户获取信息资料的方式也变得多样化。在信息大爆炸的时代，用户更多的希望是能够获取经过加工处理过的信息，而不是原原本本未经任何筛选的信息。

从高校图书馆的信息推送服务可知，高校图书馆的信息推送大都还停留在新闻公告、图书馆服务信息介绍、网络信息获取等内容上，缺乏对从网络上所获取的信息的处理，只是简单的完成复制粘贴工作，也缺乏对网络资源的规范化处理。

从学科服务方面来说，学科服务的职能是达成学科馆员与科研人员之间的无缝衔接，将学科服务的内容推送到各研究院系和科研团队之中。但在众多的实际服务中可以清楚的知道图书管理员的知识体系或知识结构存在较大的缺陷，无法完全胜任学科馆员的工作，在学科服务的过程中仅能提供一些比较常规化的文献检索服务，学科服务水平总体还偏低。

3．信息服务用户反馈不足

用户对于图书馆服务的反馈是检验图书馆服务质量的一个标准之一，也是图书馆用来改进服务方式、提高服务内容的重要依据。大多数高校图书馆都有提供馆长信箱、意见反馈登记册、电子邮箱等用于接收用户意见或建议的反馈渠道。然而根据众多的用户反馈可知，用户多半反馈的是与图书馆的整体服务相关，缺少对图书馆具体某项信息的反馈；并且图书馆对读者反馈信息内容的处理存在较长的时差，许多问题无法得到及时的解决，使用户的反馈热情极大下降，久而久之也就不再提供反馈，从而导致用户反馈的信息不足，读者的需求与图书馆的服务之间极不对称。

（二）图书馆对于用户信息服务的改进策略

通过分析可知，我国高校的图书馆提供的读者信息服务有着资源结构不合理、所提供的信息服务内容深度不足、缺乏用户反馈信息等问题[8]，所以高校图书馆应当努力从以下几个方面有效解决当前所存在的问题。

1．加强高校图书馆信息资源建设

（1）加强图书馆电子资源的建设。高校图书馆应在纸质文献资料占有一定比例的同时适当加强相应电子资料方面的资源建设，尤其应当加强在学术型数据库资源方面的建设。

（2）加强专业导航数据库和特色数据库的建设。高校的图书馆最基本

的职能是为本校师生提供教学及科研服务，所以采集图书或电子文献资料时应根据本校师生的需求有针对性地采购，对较为重要的资料进行内容识别和提取，对所收集到的资源进行整合，根据图书馆的管理办法进行规范化、统一化的处理，建立资源库导航。在一些特色数据库的建设过程中，应该立足于本校的专业及科研重点工作，并结合本馆的馆藏资源及用户信息来建立具有某个专业或某一学科领域的特色数据库。

（3）加强网络信息资源的组织和整合。在现今的网络环境中，网络上各种各样的信息纷繁复杂、数量庞大、信息更新速度飞快，如果缺乏对这些网络信息资源的分类整理，用户将很难在错综复杂的信息中找到自己所需要的且适合自己的资料信息。因此，高校图书馆需要在网络资源的标引方面加强优化工作，组织网络上一些较好的学术资源，为读者提供全面专业的网络资源。此外，还需加强信息资源的共建和共享。各图书馆都有各自的特色领域，应加强与其他高校图书馆的共建共享，在节约资源建设成本的同时也极大的丰富了用户所能获取的资源。

2. 深入挖掘信息资源，提高用户服务深度

图书馆所提供的基础信息服务已经难以满足用户对信息资源的需求。因此，高校图书馆应当更加深入的去挖掘出对本校读者有益的信息资源，为用户提供有着更加深度的知识型信息服务。

第一，在服务的内容上，图书馆应加强信息服务的深度和广度，采用学科馆员的模式，主动融入科研教学的队伍之中，成为其团队中的一名重要参与者，从而为用户的教学和科研提供具有针对性的信息资源。

第二，在服务的方式方法上，图书馆应利用好信息推送技术和信息转播技术，从而能够及时的为用户推送满足其需求的信息资源。

第三，高校图书馆还需要加强具有个性化的信息服务系统的建设，使用大数据来分析用户的信息取向和用户对信息的偏好，在个性化的信息服务系统中为用户提供符合其偏好和关注点的信息资源和信息服务。

3. 做好用户调查，多种渠道及时收集用户反馈信息

随着社会的飞速发展和信息环境的不断变化，用户对于信息需求和信息偏好也会随着改变。因此，高校图书馆需要建立有效的用户反馈机制，使图书馆所提供的信息服务能够与用户不断变化的信息需求相适应。一个良好的用户反馈机制不仅可以获取到读者对图书馆提供信息服务真实客观的评价，还能帮助图书馆更好的进行资源整合和人员配置。高校图书馆很

有必要定期做用户调研，利用问卷、访谈、开展调研活动等方式收集用户反馈信息，然后根据所收集到的反馈信息及时做出相应的调整。图书馆还可以采取让用户亲身参与到图书馆的服务当中，使用户的需求能够在服务设计中得到较为充分的体现和表达，从而避免用户与图书馆双向信息存在偏差的情况。图书馆可以充分调动高校志愿者的力量，让其充当图书馆与读者之间的桥梁，反馈读者的诉求，帮助改善服务质量。

1.1.4 当代高校图书馆信息服务的拓展

在网络环境下知识信息需求特点是：知识信息需求的全方位与综合化；知识信息需求的开放化与社会化[9]；知识信息需求的电子化与网络化；知识信息需求的集成化与高效化。社会的需求促使信息机构的总体发展趋势是向信息增值型、信息产业化、信息服务化及精密化方向发展。

（一）信息服务的对象范围拓宽

传统的图书馆为用户提供服务的方式为面对面的借书和还书，读者直接在图书馆提供的场地翻阅书籍。用户对图书馆的信息获取多为通过与图书馆管理员的口头交流中获取。现代化的图书馆较之前已经有了翻天覆地的变化，有的图书馆甚至已经实现了自动化，配备了辅助机器人等，还拥有具备电子技术的专业人员，读者获取信息的通道已经不再像之前那般闭塞，也不用受到馆藏的限制，甚至已经开启了远程网络服务。

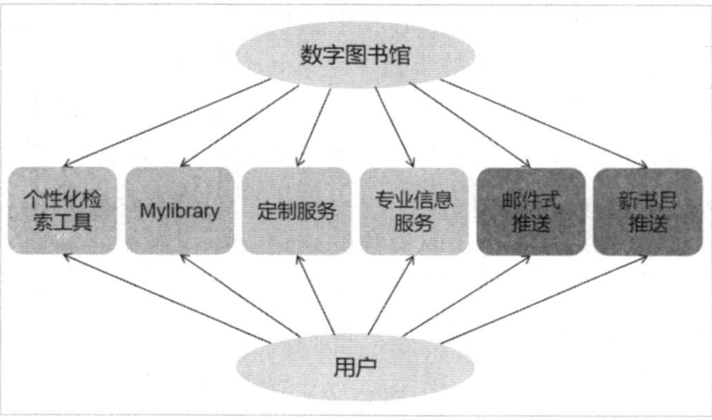

图 1.2　层次化信息资源服务模式

从总体上来看，未来数字图书馆层次化信息资源服务模式（如图 1.2 所示）与当前图书馆服务模式相比，转变主要有以下几方面：

（1）图书馆的服务观念：从“读者服务”转向“协调、合作、共享”。

（2）图书馆的服务形象：从热情、周到的“服务员”转变为迅速、方便的“信息导航员”[10]。

高校的图书馆是“知识的海洋”，集汇集、传播和利用信息为一体，其传统的信息服务方式在信息网络时代已经迎来了非常严峻的挑战。同时，网络化信息服务的兴起也给高校图书馆实现信息服务的飞跃发展提供了机遇和动力[11]。

传统的高校图书馆信息服务的对象仅仅局限于持有借书证或阅览证的本校读者，在网络环境下，高校图书馆的服务对象除特定读者外，还包括网上读者。所有对图书馆及其馆藏有使用权或有兴趣的读者都是其服务对象，图书馆通过资源共享服务，可以面对“本馆读者”和更多的“网上读者”开展服务活动，信息服务的社会化将成为必然的发展趋势。

传统高校图书馆以藏书作为主要的物质基础，这种基于自我馆藏的图书馆是作为一个书刊存储基地和物理实体机构而存在的，其服务的直接功能是利用“自给自足”的档案性馆藏，为读者提供“阵地服务”和“定向服务”，满足读者对“已知文献”的需求[12]。网络环境下，信息资源不再只局限于馆藏，有着网络信息的加持，图书馆可以突破自身纸质馆藏文献的限制，以网络上的信息资源作为其提供信息服务的坚实后盾。如今，图书馆也使用了远程通信技术及各种网络技术，将图书馆与地区网、国内的一些网站及国际网之间形成了互联，已经把不同地区、不同种类的读者有机地融为了一体。各类信息服务中心和书目机构之间也形成了互联。图书馆与 Internet 的网络连接，极大的丰富了读者的信息来源，也扩充了图书馆的信息资源库，于此同时，图书馆的馆藏资料也可以上传到网上供广大读者阅读，在一定程度上扩展了图书馆的服务能力，从真正意义上做到了资源共享。有了资源共享服务，图书馆可以帮助广大读者找寻到适合他们的信息资源，为读者提供更多的获取资源的渠道：不仅可以帮科研人员找到更加准确、更加专业的的科研信息，甚至还可以为读者提供与日常学习、工作、和生活相关的信息。图书馆的资源共享服务大大的拓宽了读者的信息空间和信息渠道。

（二）信息服务的内容增加

传统的图书馆信息服务以参考咨询为主，以本馆的馆藏文献为依据，通过面对面的咨询服务来为读者用户解答疑惑，从而有针对性的为读者提供文献或文献检索的便捷途径，以及为读者收集和整理一些必要的图书文献资料。网络环境下，高校图书馆的信息服务工作在保持原有传统职能的同时，服务内容将进一步拓展[13]。伴随着信息资源的急剧增长，读者接触的信息极为丰富，但同时也使信息查询、检索困难重重，因此，信息导航和信息咨询辅导工作便显得格外的重要。其主要内容包括网络文献信息的检索服务、各科研机构网站相关文献资源的检索及利用；提供各色各样的检索工具等；提供超文本链接信息或者建立专门的网站查询等。高校图书馆在满足本单位读者需求的同时，还需扩大服务领域，面向社会开放，为社会用户、网上用户开展信息服务。例如，利用互联网开展电子邮件服务、网络信息资源服务、网上馆际互借服务、网上信息导航服务、网上文件传输、用户培训辅导的服务等；为企业提供技术改造、产品更新、专利申请、市场调查、外文资料代译等方面的服务；还可为有关党政机关、经济调控机构提供决策、参考信息等服务。

1.2　高校图书馆用户信息需求特点及服务模式转变

对高校图书馆用户的信息需求进行分析，是高校图书馆更好地开展服务工作的前提。分析用户的信息需求，掌握不同用户群的信息需求特点及规律，有助于优化信息资源的建设和明确信息服务工作的方向。探讨信息服务策略，便于提高高校图书馆信息服务质量[14]。

1.2.1 高校信息用户群体的划分

高校图书馆的信息用户主要由本校的教师、科研人员、学生及与本校有着合作关系的单位及个人组成，以及学校职能部门和教学辅助部门的工作人员。他们的职业活动围绕学校的目标和活动而展开，随着组织结构和所处环境的不同而发生变化。对于高校图书馆用户群体的划分，不同的人有不同的划分方式。如按所服务的对象对信息资源的需求类型，可以划分为教学、求学、科研、管理与服务、校友产业和消遣型群体等；按用户对于信息需求的不同程度，大体可以划分为基础型的用户群体、探索型的用户群体和研究类型的用户群体；按用户对于信息的利用方式，可以划分为传统型的用户群体、网络类型的用户群体和混合类型用户群体。不同的用户群体，对信息需求的内容和利用方式存在一定的差异。

教学和科研是高校的两大基本职能，学习型、教学型和科研型用户是高校图书馆的主要信息需求的群体。图书馆应根据不同类型的用户群体对信息资源的需求，有针对性地构建与之相适应的信息资源体系和信息服务方式，确保高校基本职能的发挥和教学科研任务的完成。

1.2.2 高校用户信息需求的类型

高校图书馆用户信息需求的类型复杂多样，需要从多种视角进行划分和考察。

（一）按用户信息需求的表达状态划分

1. 显性信息需求

显性信息需求是指用户明确感受到并且能准确、明白地表达出来的需求。图书馆通过与用户的语言或文字交互，以及对用户使用数据的分析，较为容易发现读者的显性需求并尽量予以满足。

2. 隐性信息需求

隐性信息需求是指用户客观上具有、但尚未表达出来或未充分表达出来的信息需求。隐性需求对于读者实现其显性需求具有潜在作用。图书馆应根据用户的显性需求，引导用户正确表达其潜在的信息需求，或者通过用户的信息浏览、传播和收集行为，充分挖掘用户的隐性信息需求，并将其转化为显性需求，从而提高信息资源采集的预见性和信息服务的水平。

（二）按用户信息需求的目的划分

1. 学习型信息需求

学习型用户主要反映学习和阅读的需要，通过学习掌握知识和信息，充实自己的知识储备和完成课程学习任务。

2. 研究型信息需求

研究型用户主要反映专业研究与检索参考的需要，是为开拓新的知识领域而在所属学科或技术的前沿进行创造性的探索和研究，对信息内容的广度、深度、新颖性、前沿性和可靠性要求较高。

3. 应用型信息需求

应用型用户是为了提高业务素质或解决面临的具体任务而利用有关的信息、知识，侧重需要前人较为成熟的经验和成果。

4. 偏好型信息需求

偏好型信息需求主要指为实现某种生活娱乐目的，或满足个人的兴趣、爱好而产生的信息需求。内容涉及文学、艺术、音乐、体育、旅游等各个方面。

（三）按信息用户的类型划分

1. 个体用户信息需求

个体信息需求是由个人的自然特征和社会特征决定的。由于不同的用户所处的时代背景、经济体制、社会制度、科技水平、文化差异等的不同，以及教育程度、知识结构、信息素质和个人偏好与特点的差异，各用户所呈现的对于信息的需求内容及范围也存在着较大的差异。

2. 群体用户信息需求

群体用户是指具有某些相同特征或在行为上有着一定共同点的同类用户，对信息需求表现出较为明显的共同属性、特点和趋势。高校的求学、教学、科研、管理与服务等不同群体对信息的需求各不相同，各有鲜明的特色。

用户信息需求的类型还存在很多划分方式，如按用户的专业和行业背景，可划分为人文科学、社会科学、自然科学、工程技术和一些特殊用户的信息需求等；根据用户所需求的信息类型，大致可以划分为数据事实等资料型的信息需求、消息型的信息需求、知识型的信息需求等。充分了解用户信息需求的差异，不断开发用户的显性需求和隐性需求，对于图书馆有针对性地采选信息资源和开展区别化服务具有重要的意义。

1.2.3 高校图书馆各类型用户信息需求的特点[14]

根据高校信息用户职业特点与对信息的需求，可以将高校的用户大致分为以下三类：教学和科研人员，主要指在高校从事科研工作的老师及研究人员；高校学生，即本校各个专业的学生；管理人员，各级校领导、各管理部门管理人员、辅导员、财务、审计、后勤总务、医务人员等。

不同类型的用户对于信息的需求及具体内容具有不同的特点：

（一）教学和科研人员用户对信息的需求特点

从事教学及科研人员用户根据他们的年龄结构划分，可以分为老年用户、中年用户、青年用户三个层次。他们的知识体系以及所承担的工作任务不同，所以，他们对信息的需求有所不同。

1．老年用户

老年用户长期从事着高校的教学和科研方面的工作，他们积累了丰富的经验、雄厚的基础理论和扎实的基础知识，是学校里教学科研的主导力量。他们主要负责著书立说、带研究生、编写教材、培养高级人才的任务；此外，他们还承担了一些重要的科研任务。他们对于信息广度的要求不像年轻人那么迫切，他们更想知道的是学科范围内的一些重要的新思想、新观点以及学术前沿、本研究方向的理论热点、学科发展的最新动态等。他们对于信息的要求具有很强的专业性且要求获得一些理论层次较高、少而精的科研信息以及教学方面的新知识，此类信息需求主要集中在国内外的一些核心期刊和专业方面相关的学术会议文献资料。

2．中年用户

图书馆的中年用户处在教学和科研的第一线，是高校科研的中坚力量。他们有着非常深厚的专业理论知识，并且有着颇为丰富的教学经验。他们的文献需求主要集中在本学科和本专业相关的书籍或电子文献资料，他们所需要的信息多半是具有时效性、新颖性和前沿性的专业学术信息。他们关注的是科学发展的最新动态和科学前沿的成果，对于新成果的信息收集重视度高，方便及时的将信息传递给学生，增强教学内容的时代性；并且他们在课题研究选题方面的信息需求也主要聚焦学科的前沿信息，以便研究的课题在先进性方面能够走在时代的前列，保证研究内容的前瞻性。在文献类型上，他们利用较多的是中外期刊和一些相关的专著。

3．青年用户

青年用户是高等学校教学和科研工作的新生力量。他们由于参加工作时间不长，缺乏教学方面的经验，科研积累少，是最大的信息需求用户之一。在教学方面，他们急需拓展对本学科领域内的知识面，充实自己所教学科的基础知识，从而加强对教材的理解和运用，了解和掌握目前比较先进的教学方法，他们对信息的需求广泛，信息需求欲望比较强烈，涉猎最多的是各类教材、教学参考资料、教学经验总结和教学研究方面的情报信息。科研方面，他们申报课题需要了解所研究领域内的发展状况以及国内外的研究趋势，查阅了解某一领域内已有的研究课题，并了解哪些课题有现实意义而且尚待深入，哪些课题已有成果而避免重复，比较依赖文献情报资料，尤其是那些理论性较强的文献，比如学术专著和专业期刊等。

（二）高校学生用户信息需求特点

高校学生用户是高校图书馆用户中最为主要的用户群体，研究和分析他们的需求特点，满足他们的信息与知识需求，是高校图书馆用户工作的重要部分。

1．研究生用户

我国研究生教育的第一学年重点是完成基础课程内容的学习，这是研究生以学习为主、打好专业基础的重要学年，需要大量阅读本学科本专业的学术文献等，对基础性较强的文献需求量较大。当他们明确自己的研究方向之后，他们的文献需求重点开始集中在与自己研究方向相关的资料积累上，并成为今后两年在校学习和研究的基本资料。在科研和学位论文的写作阶段，他们更关注的是本学科的最新发展动态及最新的科研成果，以及涉及试验、论文写作的中外技术类、方法类和统计分析类的文献需求，在此期间他们对专业文献的需求最迫切，需求量和强度最高。研究生用户的信息需求具有专业性和阶段性的特点。

2．大学生用户

大学生用户对教学用书的需求有稳定性、集中性和阶段性的特点。专业的设置和教学计划的安排以及课程开设、教学内容体系等限制规定了教学用书的基本范畴，使得教学用书在大学生用户当中具有相当的稳定性。教学用书的集中性表现为使用的种类和复本集中、用户数量集中和利用时间集中。在大学教学过程的各个阶段，教学用书呈现出周期性循环的使用状态，有较强的阶段性特点。另外，大学生用户思想活跃，对新鲜事物和精神文化生活有很高兴趣，除了结合教学内容阅读文献之外，大学生用户根据个人爱好，还会广泛涉猎大量的课外书籍，尤其是文学作品，还有市场上出现的各种畅销书，深受大学生用户的欢迎。在文献类型上，相较于纸质文献来说，多数大学生用户如今已经习惯于电子文献了。

（三）管理人员用户信息需求特点

管理人员用户结构比较复杂，他们对于信息的需求有共同的特点：大都是围绕本职工作和自身兴趣而产生的信息需求，除决策人员比较重视通过有序渠道获取信息外，其他管理人员对信息的流通渠道要求不是很严格，而是注重信息的实用性。总的来说，管理人员用户对相关的管理经验和与本职工作相关的文献资料需求较为广泛，他们着重信息的针对性和指导性作用，其目的在于提高自己的专业素质和业务能力。如决策人员希望及时了解国内外教育科技动向、现代教育理念，关心政治经济政策、动态，以及社会对人才需求格局的变化。他们对于教育有关的改革方针、政策、教改经验和总的发展趋势等方面的综合性文献尤感兴趣，如专业辅导员用户主要从事德育工作，负责大学生日常思想政治教育和管理，他们对信息的需求主要集中在思想政治教育方面的专业知识、管理学知识和心理学知识等。

1.2.4 信息需求决定信息服务模式的改变

用户信息需求和信息服务满足是既矛盾又统一的，正是因为有了用户对信息的需求，才需要对信息服务的模式及服务方法进行优化和改善，应当以用户为中心，使用户需求得到满足，这也正是用户的需求与满足理论，因而掌握用户需求的特性是开展信息服务工作非常重要的前提，伴随用户信息需求的日益多样化，用户服务方式逐步呈现出以下变化。

（一）服务模式由单一化变为立体化

传统的图书馆服务模式一直以到馆借阅图书、馆藏文献查询与信息咨询等为主，服务规模相对比较小，服务范围有限，质量也难以提高，而在全媒体时代，用户需求日益多元化、深层次化，信息需求量也越来越大，传统的馆藏文献和服务效率显然已不能满足需求，以信息技术为基础的新兴信息服务模式也开始走向综合化、多元化、合作化、优质化及深层次化，用户只需要掌握一定的计算机技术，足不出户也能够获取所需信息资源，既方便又快捷，极大的提高了时效性。用户可通过多种渠道获取所需，随着自助服务、网络服务的开通，信息的交流传递和反馈变得更加方便。传统的信息服务模式得以与新兴服务模式结合，两者相互补充、相互融合，实现效益的最大化。

（二）服务空间由实体化变为虚拟化

传统的图书馆信息资源主要以纸质馆藏文献书籍为主，图书馆提供的信息服务极大地受到时间、空间的制约，用户要查找文献必须亲自来到图书馆借阅书刊，耗时耗力且未必能够满足所需。全媒体时代则打破了地域、时间的限制：除了丰富的馆藏文献、印刷出版物、光盘等，图书馆引进了各类型的数字资源，如网络数据库、电子文献期刊等，服务空间也由实体空间扩大到了虚拟空间，并可以提供文献传递、馆际互借、资源共享等服务，海量的网络信息资源一触即发，方便快捷，部分图书馆已开始提供 24 小时自助服务，即使没有工作人员，用户也可以运用检索工具获取所需信息资源。

（三）服务方式由被动化变为主动化

传统的信息服务多以图书管理员为中心，以图书馆的信息资源为中心，图书馆作为优势群体，凭借其拥有的丰富的馆藏资源，其服务方式多是被动的形式，有些甚至高高在上的，坐等读者用户来访。而全媒体时代打破了这一被动的服务局面，在以用户为中心的服务宗旨下，图书馆应放低姿态放下身段，充分开展用户信息需求调研，以满足用户需求为己任，借助于丰富的网络平台变被动服务为主动服务，将满足用户需求作为自己不懈奋斗的目标。

（四）图书馆管理员职能由之前的散漫化变为如今的专业化

传统的图书馆中，馆员的职责简单且易行，一切围绕以馆员为中心，馆员不需要有特别专业化的知识即可完成这一工作，而在全媒体时代，用户已不能满足于简单的借阅和咨询需求，层出不穷的新需求迫使图书馆员加强自身的职业素质，不仅要具有基本的信息检索、信息咨询学科知识，更要补充各个学科的综合知识，以不断充实自己的知识层面，全面提升自己的核心竞争力，满足日益高素质化用户的系统性和专业性的需求。

1.3　大数据时代高校图书馆信息服务模式

1.3.1 网络环境

（一）网络环境的内涵

"赛博空间"（Cyberspace）一词最初是由加拿大科幻小说家威廉·吉布森（William Gibson）在其著作 *Neuromancer* 中创作的。原本的意思是指各地的电脑使用者每日体验的共感幻觉（Consensual Hallucination）。在此，网络空间特指通过电脑并建立的网站，使各个地方的人们既可以是一个个独立起来的网络系统，也可以是相互串联起来传送和接收信息的网际网络系统。这种系统跨越了时间和空间的限制，它指的是网络所形成的看不见摸不着但却能感觉得出来的空间，也包含了人为创造的虚拟真实的情境。

1．技术意义上的网络空间

在技术意义上，网络空间首先反映在通信节点之间的电磁场中。“通信”一词来源于希腊语，它意味着互动的空间关系——在客体层面它是机器之间的信号交换；在主体层面，它是人与机器之间的信息交互；在本体层面，它是人与人之间的意义交流。网络通信所依据的物理材料相对简单，但其数据结构和节点间的拓扑关系相当复杂。通过特定的算法和协议，非反射性的经验和想法被表达为特定的瞬时电势或磁场组合，以数字脉冲的形式进行编码、存储、传输和解码，从而建立数字化的图像。在这个意义上，网络是由一系列计算终端与连线构成的电子回路，其中流动着对世界的数字化描述[15]。

2．交往意义上的网络空间

网络提供了一个与他人见面的场所，拓宽了交流渠道，这使它成为一个有效的交流空间。更具体地说，网络空间的形成为人与人之间的交流提供了一个新的舞台。数字技术使得物理边界在网络空间里得以无限扩展。在网络空间中，距离的重要性越来越小。互联网用户社区成为日常生活的主流，其人口结构越来越接近世界人口结构。电子邮件是法国和美国使用最广泛的的一种通信方式，电子邮件和网络通信的普及创造了一种新的网络空间中人与人之间的通信方式。

Internet 架起了一座连接世界各个角落的网络之桥，这座网络之桥将全球亿万个节点关联为一个个有效的位置。各个位置在复杂的语义网络中不断延伸和组合，从而构成了具备场属性的意义空间。网友可以借助超文本网络参与到交流之中，这就赋予了虚拟世界中现实文化实践的底蕴。卡斯特在《网络社会的崛起》中曾用“流动的空间”一词来描述这一状况，他指出：空间作为结晶化的时间（历史），其结构体现着社会实践的展开方式。

尼葛洛庞蒂说：“网络真正的价值正越来越和信息无关，而和社区相关，信息高速公路不只代表了使用国会图书馆中每本藏书的捷径，而且正创造一个崭新的、全球性的社会结构。”而吉登斯更是一针见血地指出，人们的行动和结构二者的构成过程并不是彼此独立的两个既定现象系列，即某种二元论，而是体现着一种二重性。在他看来，社会系统的结构性特征对于它们反复组织起来的实践来说，既是后者的中介又是结果。相对个人而言，结构并不是什么外在之物。这里“反复组织起来的实践”就是制度化实践，在吉登斯看来，所谓制度化实践就是在时空之中最深入地积淀下来的那些实践活动。

虽然互联网呈现出来的是一个扁平的空间，但毕竟是一个空间。人们在互联网中的互动不得不留下痕迹，也就是说行为一旦发生，不经意间就留下了占有标示物，而不需要特意地去构建占有标示物。随着在这里活动的人越来越多，随着在这里沉积的人们的活动越来越多，新媒体如微信和抖音等会形成一个结构——这个结构首先具有虚拟性，并且这个结构是随着人们的进一步行为而不断变动的，即人际交往活动的不断变动使得网络空间结构具有了流动性。

（二）网络环境的特点

在信息时代，一方面网络环境必定与现实的政治、经济、文化、技术、自然环境等相互影响，相互作用，相互渗透，共同构成人类社会发展的总体环境；另一方面网络环境在促进社会信息化的过程中具有突出的作用，显现出鲜明的特点。

1. 互联性

在网络环境中，高速的信息网络已经成为人类社会信息传递的神经中枢，同时也是其他信息建立和发展的平台，它不仅仅限于主要站点之间的网络互联，而且还将电话、计算机、网络数据库、有线电视、无线电视、打印机、卫星等互相连接起来。人们既是网络信息的利用者，也是网络信息的生产者和创造者。人们在高速信息网络中发送和接收各式各样的多媒体信息，它的表现形式是实时交互。

2. 广泛性

一方面，网络环境的建设并非是某一领域或某些部门的事情，而是面向全社会的工程；另一方面，网络环境的建设也并非是某一国家或某一地区的事情，而是全球性的事业。如果由分布在各单位、各地区、各国家的局域网、城域网、广域网构成的高速信息网联系起来，真正做到网络到户，整个世界将成为一个整体的信息交流系统，不同地域的界限将变得模糊，“数字地球”“地球村”的设想将成为现实。

3. 共享性

网络是一个信息相对开放、资源共享的世界。高速信息网络中的数据资源共享指的是网络用户对于网络系统中各种数据资源的共享；硬件资源共享是指不同地域的网络用户都能通过网络连接共同使用同一个硬件设备，比如计算机、打印机等设备；软件资源共享是指网络用户对网络系统中的软件资源的共享，如系统软件、应用软件、工具软件、语言处理软件等；信道资源共享指固定信道、随机信道、排队分配信道等方式的共享。

4. 智能性

在网络环境下，地球将如同一个具有智慧的大脑，每个角落都将能通过分布式智能网络的联系利用信息。高速信息网是信息技术的集大成者，如在通信领域出现人工智能网络，它能在网络服务故障中断时自动诊断故障，并自动恢复原来的网络服务水平；未来在计算机领域内，第六代计算机还将具有人的思维功能，超级智能芯片、神经计算机、自我增值数据库系统、智能多媒体、智能信息系统等将得到发展。

5. 虚拟性

威廉·吉布森在他的科幻小说里创造的词汇“赛博空间”（Cyberspace），生动地反映出电脑与人脑以及网络文化之间的联系。赛博空间是思维和信息的虚拟体，以高速信息网络为基础，通过计算机实现人与人之间的异地、实时的情感交流和文化交流。现已进入人们生活的网络办公、网络商务、网络出版、网上教学、网上娱乐等网上活动均体现出虚拟现实的特征。

6. 开放性

在网络环境下，高速信息网实际上是一个由众多网络组成的开放的“网际网”，具有非中心化、个人化和自由组织的特点。它允许不同型号、不同厂家甚至是不同操作系统的计算机共同存在于同一个网络世界中，它能实现它们之间的相互连通，并通过网际传输协议传输相应的数据。没有人能够完全拥有这个系统，没有任何一个组织能绝对地控制这个系统，它的节点是开放的。它支持一对一、一对多、多对一、多对多等多种交流模式，而且可以用来交替或并行地进行“说”和“听”。

7. 辐射性

网络环境以极强的渗透力与亲和力深刻地影响着政治、国防、工业、农业、金融、商业、交通、医疗、文化教育、社会服务等各个方面，产生了种种带有网络特征的社会文化现象。例如，工厂生产管理的网络化提高了企业的生产效率和管理质量；办公网络化提高了管理水平、办事效率和管理质量；科学研究的网络化能将各国专家联系到一起共同解决问题；教育的网络化将改变现有的教育方式，创造出生动活泼的学习环境。

8．竞争性

越来越多的国家意识到如果网络不与外界联系起来，就相当于把自己包裹起来，未来就很可能在发展中处于不利地位，因而竞相建设国家信息基础设施已成为潮流。许多国家在高速信息网建设方面还引进竞争机制，除政府有一定投资外，也鼓励公司、企业参与投资，与政府共担风险，共享成果。许多公司、企业还利用网络开展广告宣传、商品购销、金融业务，加快周期循环，节省时间，降低成本，创造较高的利润。

9．复杂性

人类社会的复杂性，使得作为人类社会环境重要组成部分的网络环境也不可避免地具有复杂性。例如，“信息差距”使信息资源分布悬殊和信息流通失衡，不同国家、不同地区、不同社会阶层的人们对于信息的受益程度存在很大的差异；“信息泛滥”使人们在单位时间里可获信息量增加甚至于难以承受；“信息污染”妨害了人们对正确信息的有效利用；“信息病毒”破坏了网络环境的生态平衡；“信息犯罪”致使国家机密、知识产权、个人信息等保密信息受到侵害；“信息病症”影响了人们的心理健康和身体健康。

10．动态性

网络环境在不断发展着，信息需求的增长和信息技术的进步是其发展的强大推动力。社会的高速信息化发展，对于网络的要求也不断提高，现在的网络需具备大容量、高速度、高可靠性、高保真、高覆盖率等特点，因而许多国家制定了不同阶段的网络建设目标，使得高速信息网朝着数字化、宽带化、综合化、潜能化、个人化迈进，网络信息资源将更加丰富，网络服务活动将更加多样，网络用户群将更加壮大，网络人文环境将更加优化。

（三）网络环境的构成要素

网络技术是网络社会及网络环境形成的基础。如著名的传媒学家麦克卢汉所说：“任何技术都倾向于创造一个新的人类环境。”但是在网络技术诞生之前，从来没有任何一项技术能像网络这般为人类创造出一个崭新的世界和环境。人们在网络中可以像现实生活中的世界一样进行各种互动交流，并且可以直接参与到各种活动中去。因为有了人的参与，网络拥有了各种各样的社会关系网络，而不再是一个单纯的“机器的生态”。人是“社会关系的总和”，网络是“机器的生态”，两者的有机融合形成了虚拟社会化的网络社会环境。现如今互联网已成为人们相互交流、共同旅行的一个必不可少的生存空间，它俨然已经成为人们生活的一部分，成为人们工作和生活须臾离开不得的生存环境。

网络环境的组成部分主要包括网络主体、网络信息、网络基础设施、网络法规和网络文化等要素。

网络主体在网络环境中起主导性和能动性的作用，在网络环境中的诸多因素中有着决定性的力量。网络系统中的网络主体主要执行互联网的构建、运营网络企业，发布、接收和处理信息，以及调控网络系统等功能。网络主体主要有政府部门、企业、网络用户以及国际组织；其中网络用户中的网民是为数最多、最为活跃且稳定性较弱的网络主体，他们在网上的活动对于网络环境的影响非常重大。

网络信息是构成网络环境的基础，正是因为有了“海量信息”，互联网才显得生机勃勃。但并不是说信息越多越好，这还取决于信息的品质如何。如健康有益的信息对人而言是有益处的，而那些黄色、迷信、有碍国家稳定的反动信息和损人不利己的垃圾邮件则犹如污水，会污染网络环境，影响其可持续发展。因此，是否能够净化网络不良信息成为维护网络环境的关键。

网络基础设施主要包括网络硬件设备和网络技术，网络基础设施承担着网络环境系统中“物”的要素和工具的要素。构建网络系统必须包含服务器、电脑、输入和输出设备、网线、网卡、调制解调器等网络设备，否则网络无从谈起；同时还必须有网络技术，否则这些设备就会像一盘散沙，不可能连成网络，人们对于信息的加工处理和存储、传输的能力就会受到极大的限制。网络技术在网络系统中的作用非常大，但它像其他技术一样是一把双刃剑，既能用来造福于人类，也可以用来犯罪，危及网络的发展，其中的缘由就在于人们如何对待和使用它。

网络法规和网络文化是网络环境系统中的协调性要素，它虽然不是实体性的要素，但它可以在无形之中向其他实体性要素注入能量，起到强大的社会支持和协调作用，使这些实体性要素在网络环境发挥更好的作用。网络法规既包括网络新法，也包括既有的法律、法规和政策。与网络法规相比，网络文化是一个弥漫性和浸润性的要素，人们身处其中，不管你是否意识到，它都对你的行为起着引导、规范的作用。网络文化的核心要义是自由、平等、共享、兼容、多样化等价值观念，它们不仅构成了网络文化的内核，而且起着规范人们行为的作用，是人们协调网络诸要素相关关系的润滑剂。

网络是因为人的需要而创建的虚拟体，网络的创建依托于人的智力发展和劳动成果，网络环境是人类为了更好的生存和发展而创建的人工环境，网络上随处可见人的烙印。这种人为打造的环境拥有着较强的可塑性和可控制性，人在网络的发展过程中有着非常强的调节能力。同时，网络环境又是社会环境之一，不可避免的会与社会其他子系统产生相互联系、相互作用。这就提示人们，当人们发展网络的时候，目光不应仅仅盯着网络本身；在寻找网络问题症结时，视线也不能仅仅局限于网络本身；而当人们着手解决这些问题时，也应当寻求社会大环境的支持。

1.3.2 网络环境下图书馆信息服务的变化与挑战

在知识经济的时代浪潮中，信息服务领域面临着巨大的挑战，各自的核心能力决定了各自的竞争实力。因此，需加强图书馆的“信息产品”的技术含量，加快图书馆向高科技化的服务水平的建设步伐，使图书馆的服务质量向高标准化、服务效益向最大化的方向发展，在知识爆炸的模式下更好的发挥出图书馆的作用。因此在网络环境下竞争是图书馆信息服务新的发展契机，同时图书馆也迎来了新的挑战。

（一）服务手段数字化和网络化

网络环境下的信息服务需要具备信息资源丰富、信息传递方便快捷等特点，因此，就必须发展数字化的信息服务。其特点是：收藏数字化、操作电脑化、传递网络化、信息存储自由化、资源共享化和结构连续化[16]。

（二）信息服务产品知识化、个性化、多样化

用户对于图书馆所提供的服务需求远远不止于提供文献服务，往往需要图书馆提供满足其对某一知识领域、某一问题或某一知识单元的特殊要求，这种个性化的需求普遍存在于社会之中。于高校图书馆而言，这既是竞争也是机遇，其提供的个性化服务不仅仅立足于服务本校的全体师生及本校工作人员，还需积极向外扩展，应用于面对社会上不同的群体、不同知识结构体系人员的个性需求，积极倡导或努力迎合不同个性需求的服务

方式，从而将图书馆的服务水平提升至更高的层次。另外，各图书馆应进一步扩大自身文献信息的收集存储和不断开发功能以应对市场经济竞争对信息服务的需求。有时图书馆需要为用户提供原始的文献资料，还需要根据用户的不同需求增设相应的服务，推出新的服务产品，如定题、编译、咨询、决策、查新、专题检索等服务。各种类型的图书馆也在不断的丰富和更新内容，积极制作本图书馆相关的网页，网页同样也是图书馆面向用户提供的另一种信息产品的服务方式。

（三）信息服务范围与用户市场化

近些年图书馆信息服务的一大显著特点就是服务范围与用户越来越市场化，因此现代图书馆的信息服务更大程度上是一个市场运作的问题。图书馆的信息服务进入了一个全新的阶段，信息产品已成为图书馆自立于信息市场的标志。信息营销和信息经纪人的概念也引入图书馆学研究之中。

传统的封闭式的图书馆的工作方式随着新时代的到来已经发生了巨大的变革，在以往的基础上，以网络为依托，为读者提供具有速度更快、范围更广、质量更高、数量更大的信息，要求图书馆的信息服务具有如下特点：为科研部门及时提供最新的综合信息；各类信息检索服务全面、高效；开展专题信息服务。

面对如此的挑战，作为知识和信息的生产、流通和应用的信息机构，高校图书馆的工作效率、工作质量和服务环境也应该适应时代的需要，进行相应的调整，不断增强自己的服务能力。

1.3.3 网络环境下高校图书馆信息服务的主要模式

（一）信息检索服务

网络环境下的信息检索服务包括：结构化信息检索、全文检索、异构、异地数据源检索、概念检索和多媒体检索等。目前引擎都是将与用户搜索内容的相关信息推给用户，让用户自行选择自己所需要的信息，但是未经过筛选的信息有时候数量非常庞大，很多时候这会导致用户花费大量的时间和精力在寻找自己需要的信息内容上，降低用户的检索效率。但是如果能借助智能化的信息系统帮助用户完成初步的信息筛选，过滤掉一些相关性不强的信息，这样就能大大提高用户的检索效率和提升信息检索体验。系统可以通过用户的一些背景资料跟踪用户的行为，由一些反馈机制返回的信息得知用户没有在检索信息中表述出来的意图；结合用户个性特征对检索结果进行分类与排序，可以更好地满足用户需求[17]。

信息检索服务涉及元数据检索、关联检索、统一检索和多媒体检索等关键技术，想要提高信息检索水平就必须充分掌握这些技术并融汇贯通，这就要求提供信息服务的机构——图书馆能在这方面有所突破。

（二）参考咨询服务

数字化的参考咨询服务以因特网为基础、以人力资源为媒介。其主要的服务形式有 Help 系统和 FAQ 信息服务、非实时网上参考咨询系统、实时网上参考咨询系统、同步浏览页面的咨询系统。其应用的关键技术包括：

1. FAQ 库的建立与管理

FAQ（Frequently Asked Questions）库是关系数据库存放常见问题及解答，查询时使用 SQL 语句即可。通过用户的不断使用 FAQ 数据库，咨询员可以较好的了解到用户存在的新问题，并及时把新问题及其答案添加到数据库，从而不断充实 FAQ 数据库。在实现扩充 FAQ 数据库时可以考虑自动添加新条目的方式，当用户通过非实时平台进行咨询时，若用户所提出的问题不存在于数据库中，则系统将自动将这些不包含在数据库内的问题收集起来，然后将这些收集到的问题提供给咨询员，由咨询员将用户所提的问题进行规范化的解答并及时将这些问题及答案纳入数据库内进行保存更新。

2. 实时参考咨询平台

实时参考咨询平台的功能与聊天室相似，但实时参考咨询平台的模式为一对多。咨询员能通过管理界面及时看到来自各个不同终端所提的问题，并对其进行解答。用户的界面则只能看到自己与管理员自建的对话。

3. Co-Browsing 技术

Co-Browsing 一词的意思是共同浏览，即图书馆管理员可以在线和异地的用户共同浏览同一个网页，这便于指导用户更好的利用网络资源。用户在使用数据库时，如果有需要，图书馆的管理员可以把制定哈窦娥检索策略推荐给用户，并为用户提供实时指导，目前的 Web Call Center 即是其应用成果之一。

上述各项服务既独立存在又相辅相成，共同组成了数字图书馆参考咨询服务系统。

（三）个性化推荐服务

个性化推荐服务融合了多种先进的数据分析技术，它可以记录用户的信息喜好，并根据用户感兴趣的信息通过数据分析的方法检索数据库内该用户可能感兴趣的内容，然后将信息推荐给用户。它还可以根据用户对所推荐信息内容的反馈不断地改进推荐算法。现在个性化的推荐技术应用非常广泛，个性化的推荐系统也变得越来越复杂。这里介绍其中一些关键技术。

1. 用户兴趣建模

通过各种方式收集用户兴趣比如表单、用户访问行为跟踪、用户背景信息获取等，从而建立用户个性描述的模型。

2. 用户兴趣聚类

比较用户之间兴趣的异同，计算某一用户与哪些用户具有相似的资源偏好。根据用户兴趣聚类，可以把用户划分成兴趣小组，进行协同推荐。

3. 基于内容过滤（Content-Based Filtering）

通过抽取用户以往访问的资源的特征组成对用户兴趣的描述，然后比较新资源的特征与用户兴趣是否相同（或相似），如果相同，则把该资源推荐给用户。采用基于内容的过滤系统，关键是用户建模（User Modeling），识别不同用户的兴趣、目标，从而建立相应的用户兴趣模型，据此向用户提供个性化服务。

4. 协同过滤（Collaborative Filtering）

协同过滤不需要考虑待过滤资源的具体内容和形式，仅通过收集到的用户对一些资源的评价，然后比较用户之间感兴趣信息的相似程度，再根据他与其他用户对同一信息的感兴趣程度来进行资源的推荐和共享。

（四）信息定制服务

信息制定服务时根据用户的专业需求及信息资源的偏好来为其进行相应信息服务的定制，如对图书馆的数字资源系统和网络学术资源为用户进行定期检索和下载，并按用户指定的方式推送给用户。这种信息定制服务是对信息检索服务的拓展。系统根据用户提出的检索条件和相关要求定期为用户进行信息检索。信息定制服务是一种个性化的服务方式，它是以用户为中心的，并不是主动地信息推送服务；在为用户提供该项服务时，应广泛的了解用户的需求，采纳用户的好的意见，及时更新服务。

第 2 章　图书馆大数据

2.1　大数据的概念及特点

2.1.1 大数据的概念

大数据是一个较为抽象的概念，维基百科关于大数据的定义是：大数据是指利用常用软件工具来获取、存储、管理以及处理数据所耗时间超过可容忍时间的数据集。这个定义并不是很准确，常用的软件工具非常多，所以无法确定其真正的范围，它的可容忍时间也只是一个粗略的描述。IDC 中将大数据定义为：大数据会包含两种或者两种以上数据形式，一般情况下它要收集超过 100 TB 的数据，并且是高速、实时数据流；也有可能是从对小数据的收集开始，但是每年的增长率会在 60%以上。IDC 将大数据进行了一个量化的定义标准，也只强调了数据量的庞大、数据种类的繁多以及数据增长速率快这些基本特点，对大数据的定义也不够全面。图书馆研究员 Gartner 给出了这样的定义：大数据是一种数据量大、增长快速的信息资产，它需要新处理模式的加入才能具有更强的决策力、洞察发现力和流程优化能力。这仅是简单的描述性的定义，只是在对数据描述的基础上融入了处理这些大数据的方法特点，然后根据这些特点对大数据进行描述。

2.1.2 大数据的特点

（一）数据量大

近些年由于云计算、物联网、社交网络等的飞速发展，各式各样的数据呈现爆炸式增长。人们通过互联网查询和分享信息虽然更加方便快捷，但是人们有意识或者无意识地分享信息也会产生大量的数据，这些数据累加起来就形成了一个庞大的数据集。现在的数据往往不再是单一的文字信息，伴随而来的是多媒体信息，例如图片、声音、视频等二维数据。3D 技术的诞生和发展使得数据描述世界更加真实，数据量也更加庞大。数据的计量单位已经不再以 MB 为单位了，而是以 TB 为单位，有时候甚至是以 PB 为单位。不管你接受或者拒绝，大数据信息时代就存在你身边，大数据已经出现在我们生活的方方面面，或多或少地影响着我们的生活。从某种程度上说，对于个人隐私信息的保护需要加强，此外，我们也需要不断去适应大数据为我们的生活提供的便利和改变。

（二）数据具有多样性

以往的数据类型和数据结构都呈现出单一的格局，而大数据的数据种类和数据形式都比较复杂多变。由于计算机技术的快速发展，新型的交流方式让人们对数据的获取产生强烈的意愿。现代化的通讯设备，例如智能机、平板电脑等的出现，也使得用户随时随地产生了获取新消息的意愿。正是由于人们想主动获取数据，单一的数据类型已经无法满足人们的日常需求，半结构化和非结构化数据就应运而生。所谓结构化数据就是指数据的出来是将事先已经分析好的数据的属性用机构表来进行表述，将结构表存储在指定的数据库当中，供人们再一次使用和传播。非结构化数据是指我们平时上网所遇到的邮件、浏览的各种新闻、在微博和微信上传播的图片等。非结构化数据是不规则的数据，人们自己往往对其很难进行处理。通过对结构化和非结构化数据的处理才能满足人们日益增长的物质文化需要，因此大数据时代数据的类型结构就是多种多样的。

（三）价值密度低

大数据主要由结构化数据和半结构化数据构成，且非结构化数据之间的价值关联度更不高。大数据的处理方式和以往的数据处理方式不一样，以往对数据的处理多为采集、加工、存储、应用等，对大数据的处理是为了获取所处理事物的完整的信息。为了获得事物的全部信息，大数据处理会采取全部数据的整体采样。所谓的价值密度低是指在大量的数据集中真正有用的数据量很小，例如一段监控视频可能长达两小时，而其中只有两分钟的信息是我们所需要的，这就是大数据价值密度低的表现。还有定义是这样解释的，就单纯的数据而言不存在对或错，如果将数据关联起来就有对错之分了。因为非结构化数据是随机出现的这些数据的组合，所以就可能会产生错误信息，这也是产生的大数据价值密度低的原因之一。同样，大数据可以加强企业的信息安全处理，或让企业了解到他们的产品是如何向着更高质量的方向改进。也就是说，通过新的方式和技术的结合来分析一系列数据，这样我们可以实现新的业务洞察力。

大数据的具体特点如图 2.1 所示：

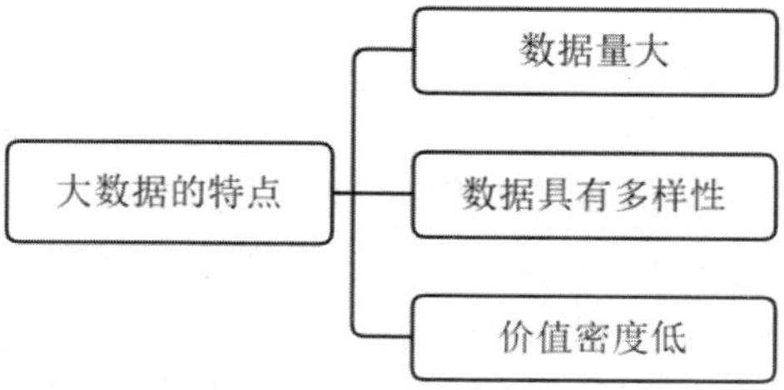

图 2.1　大数据的特点

2.2　图书馆大数据的来源

首先，图书馆积累了大量的信息，这些信息包括用户的基本信息、用户的图书馆借阅记录、用户的网上浏览记录以及图书馆本身的一些馆藏资源等，这些数据都成为了图书馆的大数据[18]。在图书馆信息量不断增长的同时，信息技术也在不断的发展，尤其是大数据技术的产生，让图书馆产生的海量数据与大数据技术相结合的时代已经到来，这就产生了大量的数字资源。这些结构和形态复杂的电子资源的数量和种类都在不断增加，这也是图书馆大数据的组成部分，因此这些数据共同组成了图书馆大数据。调查显示，每一年全球新增的信息量翻了三翻，一般 90%的信息都是以数据的形式存储。想要对这些庞大的数据进行存储，要求图书馆必须要有更高的存储能力。

其次，伴随着近年来网络技术的飞速发展，用户逐步接触到了高速网络和可移动终端设备，这使得移动图书馆得到了很好的发展，用户更加青睐于掌上阅读。根据中国互联网络中心发布的消息（第 49 次《中国互联网发展状况统计报告》）可知，截止 2021 年 12 月，我国的网民规模已经达到了庞大的 10.32 亿用户，我国网民使用手机上网的比例达 99.7%。从这些数据可以看出，人们受互联网的影响非常大，这些网民的加入为图书馆带来了极大的数据，其中包括他们的手机阅读数据和网络阅读数据，这些数据也是图书馆大数据的组成部分之一。

2.3 图书馆大数据技术的应用原理

大数据的应用原理包含三个方面：首先是数据采集，大数据的结构复杂且类型众多，数据体量大，因此进行大数据采集时一般先对数据源进行抽盒集成，通过关联和集合之后提取关系和实体并采用一定的数据库存储方式来存储数据。通常需要先对集成和提取的数据进行清理处理以保证数据的质量和数据的可用性，再将其转换成模型，方便对其进行处理和控制。目前的数据抽取和集成技术已经趋于成熟，而从数据集到模型还有待发展，相对比较完善的有四种类型：基于物化或 ETL 方法的引擎、基于联邦数据库或中间件方法的引擎、基于数据流方法的引擎及基于搜索引擎的方法。

其次是数据分析，大数据的价值就是从数据分析中提炼出来的，为了保证大数据的质量，只有将传统的数据处理方式进行调整。如何挖掘有价值的数据成了数据分析的关键。大数据时代的核心算法也应作出调整，应该将数据处理的时效性放在首位，并需要保证大数据的一些基本特征，从中提取出更有价值的信息。

最后是数据解释，因为大数据结构的复杂性，想要在电脑上直接显示查询结果不太容易，所以在一定的环境下可以采用可视化的分析方法让用户自己体验这个过程，也能更容易理解大数据带来的直观分析结果[19]。

2.4 图书馆大数据的发展战略

2.4.1 加快大数据人才培养

随着大数据产业的快速发展，对大数据的要求也由之前的差异化转变为信息管理实践和技术的最低门槛。各地对大数据人才的需求不断增长，几乎每个行业都离不开大数据人才的支持，人才紧缺已经成为制约产业发展的突出问题，没有大数据技术支持的企业，很容易被时代淘汰。大数据基础人才即大数据工程技术人员缺乏问题最为突出，大数据工程技术人员现有的数量与实际需求相比都存在很大的缺口[20]。据相关统计，未来我国的基础性数据分析相关的人才缺口将高达1400万。在人才竞争如此激烈的背景下，发展机遇多的地方总是能够汇聚更多专业人才。所以，需要进行大胆创新，积极制定吸引大数据时代人才的政策，同时为培养大数据人才提供政策支持。

（一）统筹教育资源，建立培养基地

应当注重各类教育资源的统筹规划，对于大数据关键领域核心技术研发人才的培养需要着重关注，适当建立人才培养和人才实训基地，逐步构建批次化、系统性的人才培养体系。从长远的发展角度来看，一方面依靠重点高校及科研院所的人才培养和输送，致力于培养和造就一支懂指挥、懂数据采集、懂数学算法、懂数学软件、懂数据分析、懂预测分析、懂市场应用、懂管理等的复合型“数据科学家”队伍；另一方面，大数据方面的高素质应用人才不可或缺，对于培养和塑造高素质应用人才可以采取多元化的培养方式，即根据国内各高校的专业水平及办学能力在某些高校设立大数据相关的专业，培养具备大数据技术应用和管理的人才；支持职业学校开展大数据相关职业教育，培育专业技能人才；鼓励高校和科研院所针对大数据产业相关技能对在职人员进行专业培训，缩短大学培养人才的周期来满足数据产业对人才的需求。

（二）以比赛形式吸引人才

可以通过举办一些有影响力的标准化竞赛，吸引全国优秀人才和团队参与，培养大数据领域创新型领军人才，带动大数据产业发展；同时，加大大数据方向的投资力度，吸引海外的大数据高层次人才来华就业、创业。建立、健全适合大数据发展需求规划的人才培养及评价机制，建立多层次、多类型的立体化大数据人才培养体系。

2.4.2 加快推进政府数据资源开放共享步伐，鼓励民间向政府部门开放大数据

信息化、互联网的飞速发展推动着社会进入了大数据时代，政府的统计部门和大数据之间有着密不可分的关系。各大企业是大数据发展的先驱，也是最直接的受益者，他们是应用大数据的主力军，越来越多的企业开始投入到数据的生产、分析和交换中，与此同时还衍生出了许多的新产品，如数据设计、制造和营销等。市场决定着大数据的资源配置，加强企业与

国家之间的数据共享和合作，能够实现企业的效益和利益的最大化，同时也在一定程度上增强了政府统计部门的统计能力，使统计部门能够获得更丰富、更完善和更加及时的数据资源，从而建立更加真实、更加全面的基本单位名录数据库，减少被调查对象填报表的任务和时间，减轻被调查者的负担，进一步提升工作效率和工作质量，使所统计到的信息更为客观、真实、有效。

政府帮助企业吸引更多有资源、有技术、有经验的人才投身大数据应用与开发的浪潮中，使企业得以转型升级、良性发展，对于推动现代化服务型统计的建设具有十分重要的作用。政府在大数据应用方面的战略研究为大数据的发展提供了有利的条件，为大数据的提取、存储、分析、共享和可视化提供了良好的条件。

大数据已经上升到了国家重要战略资源的地位，政府部门作为公共数据生产的核心和拥有者，应当积极利用和开发大数据的潜在作用。加快一些政府数据与民间数据之间的共建共享，这样能够将数据的使用价值最大化，并且其强大的示范效应有利于加快数据产业的市场化脚步。

政府机构应该尽快确立数据开放的相关原则，带头开放一些公共领域的数据，同时鼓励和推动民营企业或民间机构开放其生产经营、网络交易等的过程中所形成的数据信息。一些政府部门的现行行政体制较为封闭，缺乏公开性，这使得政府部门的一些共享数据资源进展缓慢。大数据的关键是需具备统一的数据资源标准，所以政府部门需要加大对大数据统一标准的制定工作，加快建立健全大数据技术的标准、分类标准和数据采集标准。统一数据标准是破解“数据孤岛”问题的一个有效方法。针对商业记录、互联网相关信息、行政记录等不同数据的的特点，分析和研究不同数据之间的衔接和数据源的整合方法。规范大数据的输入和输出格式，使用统一的指标、含义、数据据口径等基本属性，为数据的公开和共享利用奠定坚实的基础，积极推动大数据开发利用的科学性、统一性和规范性。

除此以外，相关政府部门应转变工作重心，全面深化行政体制的改革，便于民营企业或私营机构向政府开放数据，也更好的从统计部门获取公共的数据，从而更好的服务社会，服务人民。当前，要积极推动大数据应用相关法律法规的制定，创新行政管理方式，为大数据使用者创造更好的社会法治环境，提高数据产业资源配置效率，有力保障和维护各方合法权益。

2.4.3 要保障大数据安全

（一）数据完整的防护

在发展大数据的同时也需要防止数据的丢失，信息时代的安全问题变得越来越广泛，对数据加密技术的要求也不断的提高。多模透明数据加密技术成了最好的选择，这种技术结合了对称与非对称两种算法技术的有点，在保证加密质量的同时提高了灵活性。数据处理的方式越灵活，对大数据的安全越有利。此外，在数据透明加密技术的加持下，普通人感觉不到这些大数据是经过加密处理的。这种技术基于系统内核，有着更好的兼容性。加密软件是保护数据安全的一种重要方法。针对性强、防护全面的加密软件如同哨兵一样保护了大数据的发展[21]。目前一些企业已经拥有了快速检测数据的能力，以防数据丢失。

（二）大数据不同于关系型数据库

大数据与关系型数据库两者之间表面上看相差不大，却有着很大的区别。首先，它们的实时性和数据量都存在着差别。其次，两者的分布式架构也不尽相同。此外，大数据的存储与查询的模式也与关系型数据库不同，它还需要协调不同的网络会话。许多数据安全技术在大数据环境中已经失效，比如在监视与分析日志、发现数据和评估漏洞等方面的效果作用不大。所以，为了满足大数据安全的需要，应设计架构层面上的安全工具。

（三）大数据加固网络层的安全策略

将数据结构化是数据安全开发中的一种较好的方法，该方法不仅更加方便数据的管理和加密，而且降低了数据处理和分类的难度。当有非法入侵时，数据安全系统就能准确高效地分辨出入侵行为，保证数据不被破坏。这种方法虽然提高了系统的工作效率，但数据安全格局的本质并没有发生改变，仍存在着一定的风险。数据结构化已经成为安全模式的一种发展趋势。

分层构建是当前数据安全模式常采用的方法，仍需进一步完善。现有的端点安全模式在网络攻击次数激增以及云计算造成的攻击方法较为隐秘的情况下，已经暴露了其弱点，这使得网络层受到的压力异常大，所以在维护端点数据安全时需要增强网络层方面的防御，需要把数据结构化、辨识智能化与本地系统的监管机制联合起来。

（四）本地数据层面的安全策略

在大数据时代的浪潮下，数据能够带来非常丰厚的经济效益，但同时也会带来一些弊端，如信息泄露，然而其中大部分的问题是内部产生的。于端点而言，本地安全防护看似铁桶一块，实际上却容易造成一种安全假象。所以必须调整安全防护思路，在本地安全策略中融入内部监控的功能，并启用纯数据模式以防人为的故意破坏，还需要加强各环节的协作。在数据调用时存在很大的风险，所以需要进一步划分链接，改进存储和缓存方式才能规避这种风险。数据存储作为“终端”受到了高度重视，但安全保护措施欠缺，亟需加强，这样才能适应新的数据模式。需要完善作用于存储隔离与调用之间的数据逻辑策略。

在大数据领域中，只有少数开发资源能被投入到增加安全的功能当中，而其他如分析、易用性和可用性等功能则占据了大部分的资源。另外一个较为突出的问题是多数现有的系统都有与之相配套的安全产品，也难以应对一些较为常见的威胁。此外，非关系性数据库、Hadoop 等并不包含大多数的安全产品，构建用户自己的安全策略就显得极其重要。本地已有的一些安全策略或多或少地存在未知的隐患，这就需要用户自行开发和完善自己的系统。

（五）个人层面的数据安全

对于个人用户来说，将数据存放在别人的服务器中存在较大的安全隐患，对方想用时不存在任何的阻碍，极容易造成个人隐私的泄露。因此，可以从以下几点加强个人层面的数据安全。

（1）使用匿名的 IP 地址。禁止网站搜集和跟踪 Cookies，不使用不支持 DoNotTrack@请求的浏览器。

（2）对数据进行加密。这个主要是针对企业级的用户，当将私密文件上传到网络上时，在进行文件压缩的过程中最好设置加密密码，让自己的文件多一层保护屏障。

（3）拒绝一切不合理的权限要求。这主要是对手机用户而言，现在一些软件及应用程序过多地要求用户为其提供超出其服务功能范围的权限，这极易导致个人相关私密信息的泄露，且一些垃圾软件强行在后台运行挤占了内存空间，严重影响手机用户的体验。

（4）在浏览网页时尽量使用 Https 协议。Https 协议可以进行身份认证及加密传输。相较 Http 协议安全得多，增强了计算机和服务器之间信息传输的安全性。

（5）加强服务器安全监测。在结构特征、静态文件、Cookie 设计和关键字 4 个方面采用源码审计方法完成了对 Web 指纹的选取,建立了 Web 指纹数据库[22]，并将其应用于服务器安全漏洞检测中，保护用户数据安全。

（6）加强数据访问的权限控制。大数据环境下，业务系统要求权限可分级、能动态管理，汤文亮等[23]提出一种改进后的基于角色的控制访问模型，该模型能够动态地创造权限、分配权限、撤销权限，达到资源分离、多级权限管理的目的，从而强化权限隔离，保护数据安全。

大数据的安全与共享交换如图 2.2 所示：

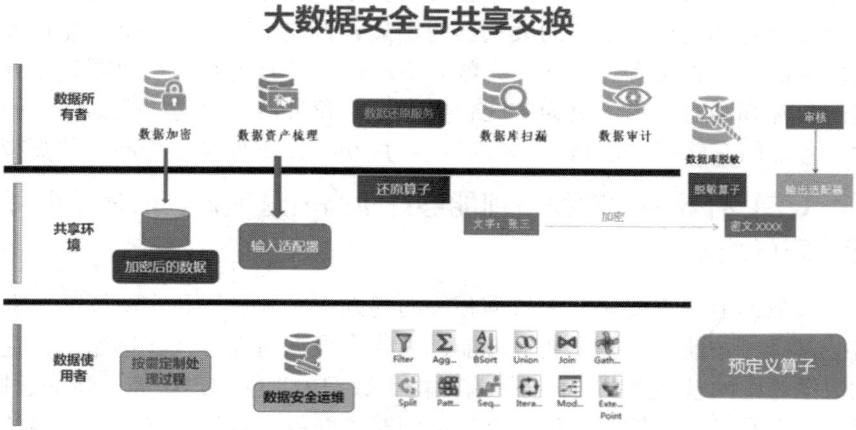

图 2.2　大数据的安全与共享交换

2.4.4 做好大数据治理工作

数据治理是应对数字社会、信息社会、智能社会的重要方式之一。这些新型社会形态与传统的工业社会、农业社会之间存在较大的区别，若完全延续或照搬既有的行政组织，套用传统的行政组织法原理，可能难以为数据治理提供有效的组织保障，因为数字时代的（大）数据有其独特性[24]。

（一）有效的大数据治理能够促进大数据服务创新和价值创造

大数据具有许多潜在的价值，通过对大数据的开发能够为人民、企业、政府和国家创造许多价值。通过优化和提升大数据的数据架构、数据质量、数据标准、数据安全等系列技术指标来治理大数据，显著推动大数据的服务创新工作，从而为国家和社会创造出更多更广泛的价值。因此，大数据治理的重要作用之一就是促进和推动大数据方面的服务创新和价值挖掘。这也是大数据治理与数据治理的最显著区别，也是大数据治理的最终目标。

（二）科学的大数据治理框架有助于提升组织的大数据管理和决策水平

科学的大数据治理框架包括治理策略、治理过程、组织结构和职责分工等，科学的大数据治理框架能够帮助企业更为有效地规范和管理数据。如为各业务部门提供统一的大数据的定义和管理制度，以及统一监管大数据质量的方式方法等。科学的大数据治理框架同时还有助于协调各业务部门的目标和利益，提供更为广泛、更有深度和可信度更高的数据，从而产生于各部门有着相同目标、更强的洞察力、更具前瞻性和更为高效的决策。

（三）有效的大数据治理能够产生高质量数据，增强数据可信度，降低成本

大数据治理需要建立大数据相关的规则、实施过程和实施标准，有了这些基础，才能实现基本业务职能，因为大数据治理必须在遵循所建立的大数据规则的基础上执行任务。有效的大数据治理能够产生高质量的数据，减少冗余数据，在增强数据可信度的同时不断提升数据质量，所需要的组织经费也随之降低。

（四）有效的大数据治理有助于提高合规监管和安全控制，并降低风险

大数据的两大核心领域是合规监管和安全控制，这关系到用户隐私的保护、数据的存取管理、安全控制及相关行为规范、数据操作标准和内部规定。现在的一些组织在数据使用上极具侵略性，它们为了更好的开展业务，通常会在一些于它们而言较为关键的领域搜集、分析和使用各种用户、产品、业务环境等方面的信息。许多组织缺乏对数据的管理能力和数据安全意识，从而违反法律规范或丢失隐私数据。因此，大数据治理必须坚持以下 3 个原则：

（1）大数据的治理必须在业务范围内，并且必须在合乎法律法规的框架内进行；

（2）各社会企业部门及各组织单位的大数据治理政策及规则的制定必须与政府和行业制定的标准相一致；

（3）在主要业务及跨业务部门之间所使用的数据标准也必须一致，为合规监管创造统一处理和分析数据的环境。大数据的治理工作需要自上而下地统筹规划安排，通过有效的治理工作能够明显地降低安全风险。

第 3 章　Hadoop 概述

3.1　Hadoop 的历史与优势

2002 年，Doug Cutting 等人提出想要构建一个大型的 Web 搜索引擎，并把它作为 Apache Lucene 的子项目之一，命名为 Nutch。但在项目进行过程中，随着网页数量的大大增加，又出现了新的问题，即大量数据如何进行存储和标志。

直到 2003 年和 2004 年，Google 发表了关于 GFS 和 MapReduce 的相关论文，为 Doug Cutting 等人提供了解决该问题的新思路，并且他们很快便利用业余时间开源实现了 HDFS 和 MapReduce。2006 年 2 月，开发人员将它们从 Nutch 中分离出来，成为一套拥有良好应用前景的软件，命名为 Hadoop。到此，Hadoop 的概念正式被提出。到了 2008 年年初，Hadoop 已经成为 Apache 软件基金会最重要的项目，开始快速发展起来。随后，它便应用到了很多知名互联网公司并不断被完善。

Hadoop 是让普通用户也能轻松搭建和使用的分布式计算平台。用户不仅可以在自己的计算机上搭建环境，还能轻松地在 Hadoop 上开发、处理大量数据[25]。具体来说，它主要有以下几个优点：

（1）高可靠性。Hadoop 拥有值得用户信任的按位存储和处理数据的能力。

（2）高扩展性。Hadoop 拥有优秀的分布式处理能力，可以将海量数据分配在数以千计的计算机集群中进行计算以完成任务。

（3）高效性。Hadoop 可以在一个计算机集群中动态地移动数据，以保证各个计算机都能合理地处理任务，因此它的处理速度很快。

（4）高容错性。Hadoop 可以在集群中自动存储数据的多份副本，并且能够将失败的任务重新分配到集群中。

3.2　Hadoop 的功能与作用

现在经常听到人们提到 Hadoop 这个概念，但是我们为什么会用到它呢?众所周知，随着科技的进步和发展，社会中信息的增长速度也越来越快。

这些信息中又蕴含着大量的数据，其中包括企业、商业、农业等很多领域的数据。预计在未来几年，需要借助云平台处理的数据信息将会越来越多。而一些企业需要对这些数据进行分析处理，以获取到公司需要的数据信息。那么我们就需要高效地存储和管理这些数据信息。但以往的工具只能处理很少的一部分数据，直到 Hadoop 的出现，解决了这个问题。因为在处理这类问题时，Hadoop 采用分布式存储方式，即 HDFS 来提高读写速度和扩大存储容量；再采用 MapReduce 来高效计算大规模数据集，保证快速处理现有的数据；同时还采用存储冗余数据来确保数据的安全。

Hadoop 中的 HDFS 和其他的分布式文件系统的区别是它具有高容错性，并且是基于 Java 语言开发的，这使得 Hadoop 部署的硬件条件大大降低，即使是低廉的计算机也是可以的，同时对操作系统也没有过多要求。Hadoop 中 HDFS 的数据管理能力、MapReduce 处理数据时的高效以及它开源的特性，使其在相同类型的分布式系统中脱颖而出，并被广泛应用在众多行业中。

3.3 应用现状和发展趋势

因为 Hadoop 的优势十分明显，所以基于 Hadoop 的应用越来越多，特别是在互联网领域。Facebook 通过计算机集群运行 Hadoop 来实现其数据分析，以显示让用户更感兴趣的内容；雅虎通过计算机集群运行 Hadoop，用来将合适的广告推荐给不同的人群、过滤垃圾邮件等；淘宝的 Hadoop 系统用于存储并处理用户与店铺交易的相关数据；通过 Hadoop，公司 HR 会更准确地找到适合各个岗位的求职者；IBM 利用 Hadoop 来构建云基础设施。作为国内较早接触 Hadoop 平台的互联网公司腾讯，早在多年前 Hadoop 集群的机器总量就达到了几万台。并且自己构建的分布式数据仓库 TDW，现在的单集群规模已经超过了 4 000 多个节点，存储的容量达到了惊人的几百 PB。正是基于这些惊人的数据才为用户提供了更好的服务。

Hadoop 目前已经在各行各业都取得了优异的成绩，并且伴随着互联网的发展，新的业务模式也将会不断涌现，Hadoop 的应用也会越来越广。从最早期的互联网领域向旅游业、电子商务、能源开采、诈骗检测、生物制药等领域拓展。相信不久以后，Hadoop 就会在更多的领域中扮演重要的角色，为我们提供更加便捷的服务。

3.4 项目及其结构

经过不断发展，Hadoop 已经包含了越来越多的项目。虽然其核心依旧是 MapReduce 和 HDFS 集群。但与 Hadoop 相关的项目，例如 Common、Avro、MapReduce、HDFS、Chukwa、Hive、HBase、Pig、Zookeeper 等也是不可或缺的。它们相互之间提供了一些服务或在核心层上提供了更优质的服务。

下面对 Hadoop 的各个相关项目进行详细介绍。

（1）Common：Common 原名为 Core，是 Hadoop 常用的一个工具，主要为其他子项目提供支持帮助。其中主要包括文件系统、RPC 和串行化库，它们使用户可以在廉价硬件上搭建云计算环境。

（2）Avro：Avro 是支持跨编程语言的数据序列化系统，它包含了全面的数据结构类型、快速可压缩的二进制数据格式、可以长期存储数据的文件集、远程进行 RPC 调用和动态语言合成功能。并且当在 Avro 中使用 RPC 协议和读写大量数据文件时，都不需要生成代码。

Avro 系统的数据是与语言无关的，它主要依赖于模式（Schema），不管读数据还是写数据都是在模式下完成的。这样可以大大减少读写数据的开销，并且序列化的速度也将被提高。在 RPC 中，Avro 系统进行模式交换是通过客户端和服务端的握手协议。因此当他们拥有彼此全部的模式时，命名字段出现相同、字段丢失和一些附加字段的问题就得到了解决。

（3）MapReduce：MapReduce 是在谷歌发表论文之后开源实现的，主要用于处理、计算大规模的数据。它有一个特点是不管多大的数据只要不考虑时间成本都可以计算出来。它的主要思想，映射（Map）、化简（Reduce）是借鉴了函数式编程语言的特性。它很大程度上帮助了开发人员——即使不了解分布式并行编程，也可以顺利地将自己的程序运行在分布式系统上。MapReduce 的执行过程是先指定一个 Map 函数，用来把输入的键值对重新映射成新的键值对，经过处理后交给 Reduce，Reduce 再进行组合处理后输出键值对，形成最终的结果。

图 3.1 是 MapReduce 从输入到输出的处理流程图，可以看出 MapReduce 程序是将输入划分到很多 Map 上，再将 Map 交给 Reduce，然后进行处理

输出的过程。

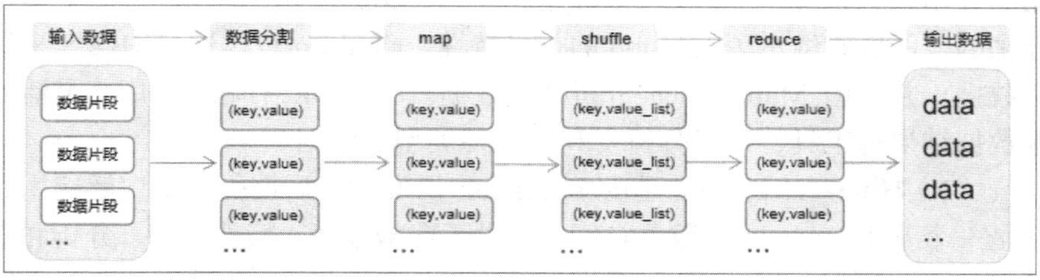

图 3.1　MapReduce 的任务处理流程图

（4）HDFS：HDFS（Hadoop Distributed File System）是 Hadoop 中的分布式文件系统。类似于电脑上的硬盘，Hadoop 中的文件都存储在它上面。由于 HDFS 拥有高容错性（Fault-Tolerent）的优势，所以可以把它部署在低廉（low-cost）的硬件系统上。并且它可以通过提供高吞吐率（high-throughput）来访问很多应用程序中的数据，适合拥有海量数据的应用程序。HDFS 对 POSIX（Portable Operating System Interface of UNIX）降低了要求，这样就可以以流的形式访问文件系统中的所有数据。HDFS 最早是 Apache 的子项目 Nutch 的基础结构，后来被分割出来成了 Hadoop 的基础架构之一。

以下几个方面是 HDFS 的设计目标：

1）识别并快速修复硬件故障。计算机最常见的问题就是硬件发生故障。一个大的 HDFS 系统可能由成千上万个存储着数据文件的服务器组成，这就意味着故障率会很高。因此，识别并快速修复故障是 HDFS 的一个核心目标。

2）流式的数据访问。因为 HDFS 一般要处理的数据规模都很大，如果采用用户交互式处理则效率太低，所以 HDFS 采用的是批量处理，使应用程序可以根据自己的需要流式地访问它们的数据集。

3）简单一致性模型。大部分的 HDFS 程序对文件可能只需要写入一次，但是需要读取多次。所以一个文件只要被创建、写入，然后关闭之后就不需要再变动了。这个假设成功地将数据的一致性和高吞吐量的数据访问问题简单化了。

4）移动计算比移动数据更具成本效益。如果一个应用程序想要请求计算，则离它操作的数据越近，效率就会越高。尤其是当数据集很大的时候，体现的更明显。所以最好是将计算移动到距离数据更近的位置。

（5）Chukwa：Chukwa 是 Hadoop 用来分析和管理大型分布式系统数据的数据收集系统。因为 Chukwa 也是在 Hadoop 的主要框架基础之上搭建起来的，所以它继承了 Hadoop 的很多特性。Chukwa 也是通过 HDFS 来保存数据，并使用 MapReduce 分析处理数据。Chukwa 中附带了用于灵活处理数据结果的工具，可以分析、利用各种类型的数据。

（6）Hive：Hive 最初是由 Facebook 研发的，后期得到了广泛应用。它是一个基于 Hadoop 的数据仓库，提供了数据排序、特殊查询、分析和存储 Hadoop 文件的功能。Hive 提供了结构化的数据机制，支持类似于我们经常使用的 SQL 语言的查询语言，这样可以使熟悉 SQL 的用户很方便的查询 Hadoop 中的数据，这种查询语言被命名为 HiveQL。并且，传统的 MapReduce 开发人员也可以通过 HiveQL 的这种方式在 Mapper 或 Reducer 中查询想要的数据。其中 HiveQL 会被 Hive 内置的编译器编译为 MapReduce 任务，从而帮助 MapReduce 程序员开发 Hadoop 系统。

（7）HBase：HBase 是一个分布式的列式存储系统，它的底层是 Hadoop 中的 HDFS，能力类似于 Google 下的 Bigtable。HBase 相当于对 Bigtable 进行了开源实现。因此，Hadoop 通过 HBase 拥有了类似于 Bigtable 的能力，并且它们使用相同的数据模型。HBase 和一般的数据库不同，原因有两个：第一，HBase 对于非结构化数据有着强大的存储能力；第二，HBase 是基于列的存储模式，而其他数据库都是基于行的存储模式。不仅如此，HBase 还拥有很强的扩展能力，当需要扩展存储容量时，可以通过增加一些廉价服务器来解决。

（8）Pig：Pig 是一个针对大型数据集的数据分析引擎。Pig 最重要的优点是它的结构能够承受高度并行的测试，这使得它能够很好地处理大型数据集。Pig 的底层是一个编译器，与 MapReduce 相比拥有更丰富的数据结构，还提供了一些被 MapReduce 忽略掉的操作。

（9）ZooKeeper：ZooKeeper 是一个开源的协调服务，专为分布式应用程序设计。它的主要功能是管理服务、命名服务、分组服务、配置服务等。目标是将大量复杂的服务封装简单化，使用户的系统性能更加高效。ZooKeeper 是使用 Java 语言进行编写的，但是它同时也支持 C 编程语言。

如上所述，Hadoop 的两大核心是 HDFS 和 MapReduce。而整个 Hadoop 的体系结构主要是通过 HDFS 来对数据进行分布式存储，通过 MapReduce 来对海量数据进行计算。

下面先来介绍一下 HDFS 的结构。HDFS 采用了更加新型的主从

（Master/Slave）结构模型，一个 HDFS 集群是由一个 NameNode（名字节点）和多个 DataNode（数据节点）构成的。其中 NameNode 作为主节点，负责文件系统的命名空间和接收客户端访问文件时的请求；集群中的 DataNode 主要负责管理保存的数据。HDFS 允许用户将数据存储为文件。在内部，该文件被划分为多个数据块，而这多个数据块同时存放在一组 DataNode 上。NameNode 可以对文件系统进行操作，比如打开、关闭、重命名等。它还负责将数据块映射到特定的数据节点。DataNode 需要不断地和 NameNode 进行通信，来告诉自己目前的情况，并在 NameNode 的要求下创建数据块或者进行删除、复制工作。图 3.2 所示为 HDFS 的体系结构。

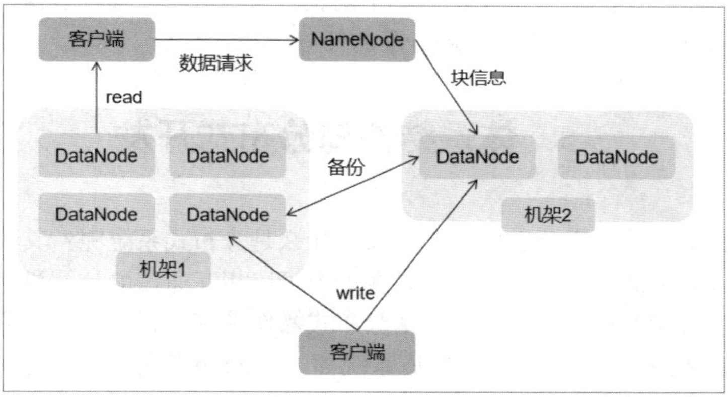

图 3.2　HDFS 的体系结构

NameNode 和 DataNode 的一个优势是它们可以在任何一台普通计算机上运行，尤其是在安装了 GNU 或者 Linux 操作系统的计算机上。因为 HDFS 采用 Java 语言开发，所以 NameNode 和 DataNode 可以部署在任何支持 Java 编程语言的计算机上。最常见的情况便是一个大的计算机集群中仅有一台计算机运行一个 NameNode，而其他计算机分别运行一个 DataNode。当然，一台计算机也可以运行多个 DataNode。正是因为每个集群中都只安排了一个 NameNode，使得系统架构变得更加简单了。因为 NameNode 在 HDFS 中担任数据管理者的角色，所以用户需要保存的数据会直接存储到 DataNode 中，而不会在 NameNode 中停留。

下面再来介绍一下 MapReduce 的体系结构。MapReduce 是一种并行编程模型，通过这种模型，程序员可以很容易地编写出分布式并行程序。在 Hadoop 的体系结构中，MapReduce 不仅拥有强大的计算能力，也是一个容易操作的软件框架。它可以实现将用户发出的任务分散到由成百上千台计算机组成的集群中，使大量的数据集可以可靠、容错地并行处理，从而实现 Hadoop 的并行处理功能。MapReduce 框架由在主节点上运行的 JobTracker 和在集群的每个从节点上运行的 TaskTracker 组成。主节点负责将一个完整的任务拆分并分发到不同的从节点上，并监控从节点的运行情况，如果有失败的任务，再将失败的任务重新分发下去。而从节点仅处理从主节点分配下来的任务。

如上所述，在 Hadoop 中分布式存储依靠 HDFS 来完成，数据计算和任务处理依靠 MapReduce 来完成。MapReduce 在任务处理时，通过 HDFS 提供存储功能，并且在 HDFS 的基础上对任务进行分发、监控、执行等，两者相辅相成，最终完成 Hadoop 分配的任务。

3.5 体系结构与分布式开发

我们平时经常说分布式系统，那么什么是分布式系统呢？其实就是支持分布式处理的软件系统。它就是在多个可以相互通信的计算机体系结构上同时执行相关任务的系统，包括分布式操作系统、程序设计语言及其编译系统、文件系统和分布式数据库系统等。Hadoop 就是其中文件系统层中的软件，它不仅实现了分布式文件系统的功能，还实现了部分数据库系统的功能。Hadoop 中的分布式文件系统 HDFS 能够将海量数据高效地存储在计算机集群中，并进行管理。Hadoop 中的编程模型 MapReduce 能够让多个用户并行地计算大规模数据。下面简单介绍一下基于 Hadoop 进行分布式开发编程的相关知识。

Hadoop 是基于 MapReduce 进行并行应用程序开发的。MapReduce 编程模型的原理是：首先输入一个 key/value 对的集合，经过处理后再产生一个新的 key/value 对集合进行输出。MapReduce 主要由两个部分来完成它的所有操作：Map 部分和 Reduce 部分。

用户用自己定义的 Map 函数接收到输入的 key/value 对，并生成一组中间 key/value 对。然后 MapReduce 收集具有相同 key 值的所有 value 值并将其传递给 Reduce 函数。用户用定义好的 Reduce 函数接收 key 和它关联的 value，Reduce 函数再将这些 value 值组合在一起，形成一个较小的 value 集。通常每次调用 Reduce 函数时只生成 0 或 1 个输出值。我们通过迭代器向 Reduce 函数提供中间 value 值，以处理大量无法存储的 value 值集。图 3.3 是 MapReduce 的数据流图，展示了 MapReduce 处理大量数据的过程。简单来说，处理的过程就是将一个大数据集拆分成数百个小数据集，然后分配给集群中足够的计算机进行处理，并生成中间结果，最后再由大量节点组合以生成最终结果。图 3.3 也指出了 MapReduce 框架下的两个主要部分：Map、Reduce。在这个过程中，用户需要完成的工作是根据任务的要求编写 Map 和 Reduce 两个函数。

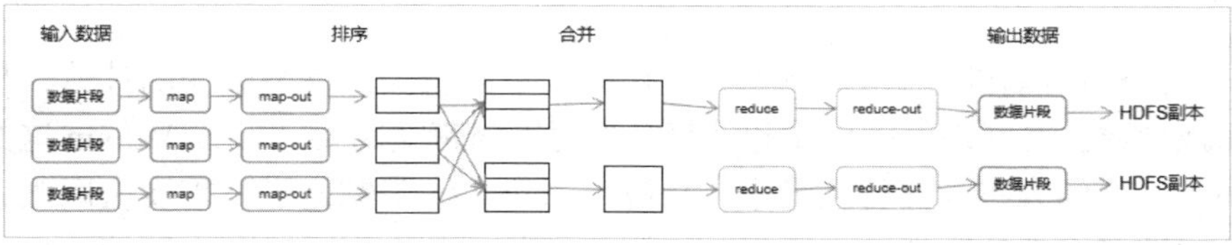

图 3.3　MapReduce 数据流图

在由成百上千个计算机组成的大型集群中进行并行操作时，MapReduce 计算模型是最合适的。因为每一个计算机节点都可以独立运行一个图中的 Map 任务和一个 Reduce 任务。这样看来，它的运行效率就会变得很高。下面将简单介绍一下这样的并行计算是如何做到的。

3.5.1 数据分布存储

Hadoop 分布式存储是由 HDFS 来完成的，它由一个 NameNode 和多个 DataNode 组成，其中每个节点都可以看作是一台低廉的计算机。在使用上，HDFS 非常类似于一个单机文件系统。利用它不仅可以创建目录，还可以创建、复制、删除文件，并查看文件内容等。但是，这些文件在 HDFS 的底部被分成了很多 Block。这些 Block 存储在很多不同的数据节点上。每个 Block 还可以复制数据的多个副本并将其存储在不同的数据节点上，以保证出现问题后及时进行恢复。HDFS 最重要的部分则是 NameNode，它维护数据结构，用来记录每个文件被分散成了多少个 Block、这些 Block 需要从哪些节点获得以及各个 DataNode 的状态等关键信息。

3.5.2 分布式并行计算

Hadoop 中有一个集中处理点 JobTracker，用于任务调度、监听、管理各个 TaskTracker。JobTracker 作为集中处理点可以在集群中的任何计算机上运行。TaskTracke 则负责执行 JobTracker 下发的任务，它必须运行于一个数据节点上。也就是说 DataNode 既需要存储数据，也需要进行计算。JobTracker 将得到的 Map 任务和 Reduce 任务分发给处于空闲状态的 TaskTracker，让这些任务并行运行，并实时监控这些任务的运行情况。如果某一个 TaskTracker 突然出现了问题，JobTracker 就会将其负责的任务重新分配给其他空闲的 TaskTracker 运行。

3.5.3 本地计算

数据存储在哪一个节点上，就由哪个节点负责这部分数据的计算，从而减少数据在网络上的传输和计算数据对网络带宽的要求。在 Hadoop 这类基于集群的分布式并行系统中，计算节点可以无限制地进行扩展，因此它所能够提供的计算能力也就趋于无限。但是这些数据需要在不同的节点之间传输，从而网络带宽变成了一个大问题。“本地计算”是节约网络带宽最有效的方式，业界将之称为“移动计算比移动数据更经济”。

3.5.4 任务粒度

在把需要处理的大数据集剪切成多个小数据集时，小数据集通常小于或等于 HDFS 中的 Block 大小（默认为 64MB），这可确保小型数据集仅在一台计算机上进行计算。假设要处理 N 个小数据集，就需要启动 N 个 Map 任务，这 N 个 Map 任务分布在 N 个节点上，它们将同时运行，而用户则可指定 Reduce 任务的数量。

3.5.5 数据分割

把经过 Map 执行后的中间结果按 key 的情况划分成 N 份（N 是用户提前定义好的 Reduce 的个数）。划分时一般使用 Hash 函数，这样能够确保某一段范围内的 key 肯定由同一个 Reduce 任务来处理，简化了 Reduce 的过程。

3.5.6 数据合并

在数据切分之前，也可以先组合中间结果，即进行数据合并：中间结果中有相同 key 的键值对可以组合在一起。数据合并的执行过程类似于 Reduce 函数的执行过程，并且在许多情况下，可以直接使用 Reduce 函数。但数据合并是作为 Map 任务的一部分，在 Map 函数结束后立即执行的。数据合并的操作将中间结果中<key，value>对的数目大大减少了，从而降低了网络流量。

3.5.7 Reduce

经过 Map 任务得到的中间结果，在执行完数据分割和数据合并之后，以文件的形式存储在本地磁盘上。集中处理点 JobTracker 将会获得中间结果所在文件的位置，然后再告诉每个 Reduce 任务到哪一个 TaskTracker 上去取中间结果。注意，经过数据合并后的中间结果按其 key 值，使用 Hash 函数划分成了若干份，每个 Reduce 任务都负责其中的一段 key 集合。并且每个 Reduce 任务都需要根据自己负责的 key 集合向多个 Map 任务节点取中间结果，然后执行 Reduce 函数，最终得到一个结果文件。

第 4 章　高校图书馆信息管理与传统信息服务

4.1　高校图书馆信息管理

随着信息技术的高速发展，人类迎来了大数据时代，以存储和云计算为基础的数字信息正在呈现几何式增长，人类对信息处理技术提出了更高的要求。在这样的背景下，高校图书馆信息管理同样也面临着信息多样化、个性化、专业化的挑战。这就要求高校图书馆信息管理必须要结合时代特征，合理利用大数据技术，对图书信息管理的模式和方法进行改革和创新，以此来提升自身的管理水平[26]。

4.1.1 信息

（一）信息界定

（1）信息作为信息论的主要范畴，代表了信息方法。在给信息下定义的时候，就不能够撇开信息方法，孤立地看待信息。信息方法是从通信过程中提炼出来的方法论。可以将任意两点之间的通信归结为这样的模型：信源通过某种载体把信息传递给信宿，信宿又将自己的反应作为一种信息经过载体传递给信源。信息在信源与信宿之间双向流动（单向流动是双向流动的特例），具体来说就是信息－输入存储－处理－输出－反馈。在这里，信息是联系信源与信宿的中介。通信是人与人、人与社会、社会各部分、生物有机体之间、生物有机体与自然界之间的交往方式。它既包括关于事物运动规律与属性的认识的交流，也包括人的意愿和情感的交流，所以作为中介的信息既可以是物质的也可以是精神的。信息通信模型如图 4.1 所示。

（2）通过方法论给出的信息的定义，可以超出本学科领域，成为多门学科广泛运用的范畴。但是它必定是在原先意义上的引申和推广。所以，在研究信息的时候，不能忽略信息论创始人给信息下的定义。因为任何一种方法论都是时代的产物，联系现时代的政治、经济的生活来研究信息作用，就不难看出信息与不确定性的减少和消除有紧密联系。信息方法是各种交往过程中消除不确定性的方法。现代社会经济政治生活日趋多样化、复杂化，实践活动中不确定性因素大大增多，信息概念恰恰反映了时代的这一新特点。

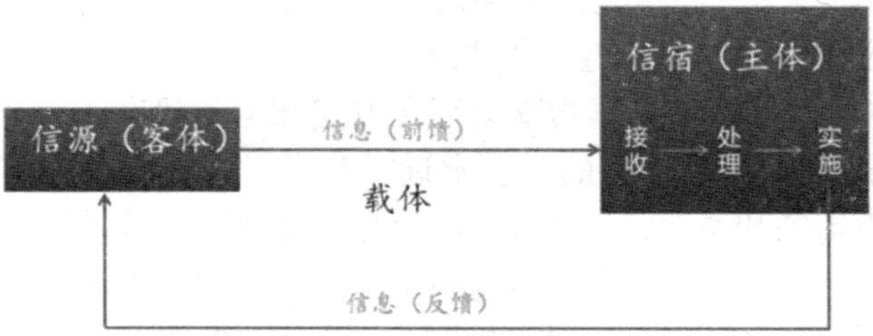

图 4.1　信息通信模型

（3）信息论、控制论、系统论作为独立的学科，都有自己的发展路线，但是它们在研究对象、原则、思想及方法等几个方面中存在着共同的地方。信息不仅是信息论的主要范畴，也是系统论、控制论的基本内容。所以，在研究信息的时候，不能够离开信息与系统论、控制论的关系，抽象地给信息下定义。

总之，信息同其他方法论一样，是时代精神的反映和概括，在对信息进行界定的时候，不能夸大它的一般性，而丢掉它的时代特征。同时，信息作为信息理论的主要范畴，它的内涵必须反映信息方法的主要特点。只有弄清楚信息与系统论、控制论的内在联系，弄清楚信息范畴的内涵与外延的历史演变过程，才能完整地、科学地把握信息。

（二）信息的特征

（1）客观性。信息是普遍存在的，且不以人的意志为转移，并与物质、能量互成“三位一体”，共同构成了事物的 3 个基本方面。

（2）抽象性。信息是高度抽象的，具体表现在信息可以浓缩、累积、继承、遗传、识别、加工和利用。

（3）可识别性。人可以接收和识别信息，而且因为信息载体的不同而导致感知的方式与识别手段的差异。例如，物质载体上的信息由视觉器官感知，声音信息则由听觉器官识别，还有综合运用各种器官来感知信息的。总之，人的各种器官都是信息的接收器。

（4）可转换性。信息的符号系统和物质载体可以相互转换，信息也就可以在不同状态之间转换，即各种信息载体形式可以互相转换。例如，物质信息可以转换为图片、声音、数字、视频等。信息的这种可转换性也同时决定了信息具有可传递性。

（5）可存储性。信息不但能够通过人的大脑进行隐性存储，而且可以通过物质载体加以显性存储，也可以用现代信息技术设备来存储。

（6）可共享性。信息可以跨越时空为传播者和接受者共同享用，也是信息的共享性推动着人类社会的发展。

（7）可再生性。信息作为事物存在方式和运动状态的表征，与事物本身及事物的运动一样是永恒的。它永远在产生、在更新、在演变，是取之不尽、用之不竭的智慧源泉，是人类社会与自然界不可或缺的可再生资源。

（8）依附性。信息没有具体的物质形态，必须依附于某个客观事物而存在。同一个信息可以借助不同的事物（媒介）表现出来，比如图片、声音、视频等。

（9）知识性。知识性是信息的基本属性之一，但知识不等于信息，它只有通过传递才能成为信息。

（10）时效性。信息具有时效性，随着时间的推移以及事物的发展变化，信息的价值也会相应的发生变化，这就要求人们必须及时获取、传递以及利用信息。

（三）信息的分类

信息内涵的广泛性，决定了信息存在多种不同的分类方法。

从信息产生的来源进行分类，信息能够分为自然信息与社会信息。自然信息是自然界一切事物存在方式及其运动变化状态的反映。根据自然界是否存在生命，自然信息又可以进一步划分为物理信息和生物信息。社会信息是对人类社会发展变化状态的反映，包括政治信息、经济信息、军事信息、科技信息、思维信息、社会生活信息等诸多方面，而且每一类还可继续细分下去。

从信息产生或针对的时间来说，信息可以分为历史信息、现存信息和未来信息。历史信息是历史记载、档案材料等人类历史上的信息，包括人类迄今为止所创造出来的全部文化遗产。现存信息是关于当今现实社会发展变化的信息，涉及当前社会生活中的一切领域。而人类对于未来发展的关注、未来学、预测学等学科研究的内容就是未来信息。

按信息的运动状态可分为动态信息和静态信息。动态信息是指时间性很强的新闻和情报等，反映事物的发展、变化状态；静态信息是指那些已成为比较稳定的历史文献、资料和知识的信息，反映事物相对稳定的状态。

按信息载体可分为语言信息、非语言信息和数据信息。

按感知程度可分为未知信息与冗余信息。

按表达的真实程度可分为真实信息与虚假信息。

按价值观念可分为有益信息与有害信息。

按照信息产生过程可分为原始信息（一次信息）与加工信息（二次、三次信息）。

按信息来源的稳定性，可分为固定信息、流动信息和偶然信息。

除了上述信息分类外，还可以依据其他标准对信息进行细分。需要说明的是，信息的分类是相对的，不同标准的分类都有其存在的价值和适用范围，因而分类标准也就不可能完全一致。

4.1.2 信息管理

（一）信息管理的界定

信息是一个从产生到利用的过程，在这个过程中，信息流从头至尾都在流动。从某种意义上说，信息工作是有效管理信息流的活动。信息流的运动过程，其实就是信息处理的过程。

信息处理要经过收集、处理、传输、存储、检索、使用、反馈等几个步骤。这些步骤的顺序不是固定的。所有这些步骤未必都包含在流程中。但是，最简单的处理过程也必须有采集、处理、传输、使用 4 个环节，而且，最基本的处理项目也必须包括加工和传递。

从某种程度上说，信息处理就是信息管理，但信息管理是广义的，信息处理是狭义的。随着信息数量的快速增长，信息处理和传递的速度加快，处理信息的方法越来越复杂，信息处理所涉及的知识和技术领域也大大扩展。目前，信息处理已经被认为是一项独立、重要和系统的工作，这就是为什么信息管理的概念可以取代信息处理的概念。

就企业而言，信息管理一般可以分为 3 个阶段：手工文件管理阶段、技术支持管理阶段和信息资源管理阶段。

（二）现代信息管理的特征

1. 处理和传播信息的速度急剧加快

每个人都会感受到信息时代的步伐及其步伐的紧迫性。对于各种决策来说，时效的重要性日益显现。对人们来说，决策不仅要正确，而且要及时。信息的传递与处理速度必须要相应地加快。近些年来，银行、铁路、航空等领域的信息系统建设取得了很大的进步，人们可以享受异地取款服务，可以随时随地通过手机预订飞机票等。这些业务的实时处理与查询跨地区的信息共享都显示出信息处理速度的重要性。

就现代企业而言，要适应市场经济的风云变幻，必须有过硬的产品质量、优秀的售后服务，这就要求生产系统、营销系统、会议系统的密切配合。不管是全面质量管理、优秀的市场营销还是成本控制的会计信息系统，信息反馈的周期缩短，信息收集、分析与传递的速度也就加快了。若不能适应这些要求，不仅会造成巨大的损失，与现代化的管理要求也是不相符的。

2. 信息开发方法更加科学、更加复杂

近些年来，信息管理有了质的变化。从前，管理工作中的信息处理多数是依靠管理者的经验来进行的，所需要的少数运算只限于简单的算术运算和描述统计加工。而现在，人们利用回归技术估计出产品的需求函数，来研究产品的市场需求；利用微分方法建立经济订货量模型实现有效的库存管理和控制；利用会计信息计算各种杠杆比率判断企业的经营状况选择投资方案；利用计算机技术去实现需求函数回归分析的参数估计、合理的库存控制、数学规划的求解等。

随着这些科学方法的应用，相应的计算过程与算法也更加复杂。数据处理与分析技术、非线性规划、动态规划的建模求解……这些不仅需要每一个信息管理者认真学习其原理，而且要求掌握实现其计算机方法。

3. 信息管理所涉及的知识与技术领域不断扩大

从知识领域来看，现代管理中的信息管理不仅与经济理论、管理科学、社会科学、行为科学和心理科学相关，而且与各部门的业务或技术工作密切相关。在实践中应综合考虑各方面的影响因素。从技术方面看，管理信息系统的普及应用、现代信息技术、网络通信技术、多媒体处理技术等构成了信息管理与信息开发的有机整体。从事信息管理和信息开发的人员不仅要具备一定的相关技术手段知识，还要协调和组织这些技术手段的相互联系和融合。现代信息管理工作要求管理部门、市场营销部门、会计统计部门、信息系统技术部门能够相互合作，从组织的整体目标出发，全面规划、统筹安排，才能达到预期目的。

（三）信息管理的目标

信息管理的目标就是将信息资源与信息活动各方（个人、组织、社会）联系起来，有效地管理信息资源，尽可能地满足信息用户的信息需求。具体来说，主要有以下几方面。

1．开发信息资源，提供信息服务

在人类社会发展的历史长河中人们不断认识自然、改造社会，形成了越来越深厚的信息“沉淀”。信息既不能自发形成资源，也不能自动创造财富，更不能无条件转让权利。无组织或不受控制的信息不仅不是一种资源，而且可能构成严重的麻烦。因此，信息成为资源的本质条件是有效的信息管理，即通过对信息的收集、整理、组织和分析过程，将零散无序的信息加工成系统有序的信息流，以各种方式为人们提供信息服务，从而充分发挥信息的效用。只能经过组织管理的信息才能成为一种资源。没有信息管理，信息资源就不可能得到充分有效地开发利用。

2．合理配置信息资源，满足社会信息需求

与任何资源一样，信息资源也存在着相对稀缺与分布不平衡等问题。由于信息资源一般分散在社会的各个方面，较难集中，信息资源拥有者的利益关系如果没有合理、有效的制度来加以协调，信息交流与资源共享就会遇到种种阻碍。有许多因素导致信息资源拥有者易产生信息垄断偏向，而人们又往往要求自由、免费地获取信息。因此，信息管理就是要在信息资源拥有者、开发者、传播者和利用者之间寻找利益平衡点，建立公平合理的信息产品生产、分配、交换、消费机制，优化信息资源的体系结构，使各种信息资源都能得到最佳分配与合理利用，从而尽可能地满足全社会的信息需求。

3．推动信息产业与经济发展，促进社会信息化水平的提高

随着信息技术的快速发展和社会信息活动规模的不断扩大，社会信息现象越来越复杂，信息环境问题也越来越多地暴露出来。为此，人们对信息管理提出了越来越高的要求，这使得信息管理活动逐渐演变为一项独立的社会事业，成为信息产业和信息经济的重要组成部分。此外，信息管理作为信息产业和信息经济中最活跃的因素之一，在制定信息产业和信息经济发展战略、执行信息产业和信息经济政策及相关法律法规，处理和调节信息产业、信息经济发展过程中出现的各种矛盾和问题等方面都必将发挥

越来越重要的作用。信息产业、信息经济的发展为社会信息化水平的持续提高奠定了坚实的基础。

4.1.3 图书馆信息管理系统发展历程

图书馆的信息管理系统，即图书馆的自动化集成系统（如图 4.2 所示），是一种专门的应用于图书馆行业的特殊的信息管理系统，它是图书馆为读者提供所需要的信息服务，同时自身也能开展现代化的信息管理的基础。它是图书馆信息化中最基础和最重要的部分，它为图书馆信息化和数字化的发展起到了引导和定位的作用，并直接影响着图书馆各项工作的质量和效率[27]。

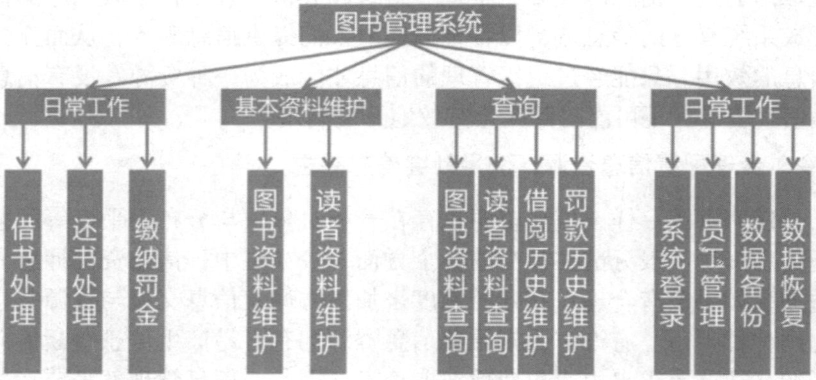

图 4.2　图书管理系统模块框架图

（一）国外图书馆信息管理系统的发展状况

随着信息技术的进步，发达国家的图书馆自动化系统经历了以下几个发展阶段。

第一阶段（20 世纪 50 年代末至 20 世纪 60 年代初）实验系统阶段，美国和英国的一些图书馆开始研究计算机技术在图书馆中应用的可行性。

第二阶段（20 世纪 60 年代初至 20 世纪 70 年代初）脱机批处理阶段，这种方式只是使用计算机处理单个图书馆业务，而且不能即时给出处理的结果。

第三阶段（20 世纪 70 年代开始）联机系统和网络系统阶段，相关的工作人员或读者可以通过终端直接使用计算机得到即时结果，并且可以通过网络实现资源共享。

第四阶段（20 世纪 80 年代开始）集成系统阶段，这个阶段的系统是由多个处理不同业务的子系统共享一个数目数据库的图书馆自动化系统。

目前国外比较知名的图书馆自动化系统有 Library Solution 系统、CARLILS 系统、HRIZN 系统、ALEPH500 系统、M2L 系统及 UNICRN 系统等。这些国外自动化系统硬件适应性强，运行效果高，扩展性能灵活，界面友好，并得到标准化检索协议 Z390.50 的支持。另外，通过不断开发应用系统软件，及时更新原有系统，不断探索各个领域对自动化系统的不同需求，国外图书馆自动化系统经过半个世纪的发展，在系统市场环境下已经形成了一套成熟的运行模式。

（二）国内图书馆信息管理系统的发展状况

我国图书馆信息化起步比国外晚了近 20 年，与国外先进技术相比还有很大差距。然而，我国的图书馆界一直在努力追赶，建立一个符合我们自身特点的图书馆信息管理系统。我国开发的自动化信息管理系统大多以先进技术为出发点，充分利用互联网上的标准协议。它们相对稳定实用，参数设置灵活。此外，采用大字符集（GBK），方便用户使用。

我国图书馆自动化建设大体经历了以下 4 个阶段。

第一阶段（1978 年至 20 世纪 80 年代中期），当时我国计算机技术和信息技术还处于比较低的发展阶段，中国科学图书馆、北京图书馆、清华大学图书馆、北京大学图书馆和人民大学图书馆联合创建了 MARC 协作组，通过培训，引进研究美国技术，积极开发符合自身的自动化系统。

第二阶段（20 世纪 80 年代中期至 20 世纪 80 年代末），我国总结了自己的工作经验，认识到集成系统的优越性，以微机应用为重点，进行系统开发工作，并取得了很大的进步，装备计算机的图书馆数量大量增加，专业队伍进一步扩大。

第三阶段（20 世纪 90 年代初至 90 年代中期），有计划有组织地发展高校自动化系统，根据我国高校众多且差别很大的实际情况，发展多模式、多层次的资源共享的集成系统。

第四阶段（20 世纪 90 年代中期至今），随着西方发达国家掀起全球建设信息高速公路的高潮，我国也采取了相对应的措施，国家大力支持建设信息网络，重点建立了北京大学、复旦大学、武汉大学、吉林大学和四川大学 5 个中心书库，西文图书馆联合编目开始实施并取得较大成果，积极建设自己的数据库。

当前我国图书馆自动化逐步进入实用化阶段，除了最具代表性的图书馆自动化集成系统（ILAS）之外，又有一批较为成熟的自动化集成管理系统产生。例如，汇文文献信息服务系统（LIBSYS）、文津图书馆综合管理系统（WILMS）、通用图书馆集成系统（GLIS）、金盘图书馆集成管理系统（GDLIS）等，这些信息管理系统都包括 8 ~ 10 个子系统、子模块，如编目模块、期刊模块、流通模块、联机书目查询模块等，已经形成规模并投入使用。

4.1.4 现代图书馆信息管理系统存在的问题

随着互联网技术和信息技术快速的发展，不断更新图书馆信息管理系统是社会发展的必然产物。图书馆信息管理系统的建立是要以系统工程和软件工程相结合，以网络为基础，以最新的信息技术为手段以适应图书馆服务功能的变化、满足读者的各项要求[28]，但是现代图书馆信息管理系统还存在一些问题。

（一）建设规划与总体目标不稳定

新的图书馆信息管理系统需要投入很大一部分资金，而每一次图书馆信息管理系统的操作使用，可以说都是一次管理变革，需要一定的时间与之相适应，所以需要很长的一段时间才能够产生它的效益。因此，很多图书馆信息管理系统的建设不到位。

（二）缺乏健全的信息管理体系

图书馆信息管理系统建设成功的一个重要前提就是良好的信息运行机制。信息的标准化、规范化是建立合理的管理体制、科学的管理方法、完善的资料来源等的重要基础和前提。如果图书馆信息管理系统在开发以前不能够做好这项工作，那么最终开发出来的图书馆信息管理系统就不可能保障信息的不确定性和经常变化的客观存在。

（三）系统建设缺乏统一的标准

随着信息化的不断发展，我国各图书馆都相继自行研发本馆的管理信息系统。研发出的图书馆管理信息系统虽然功能相类似并且能够实现，但是缺乏统一的研发标准，其代码编写、数据库创建等多个方面都存在一定的问题，如通用性较差、兼容性较差、标准化水平较低等问题，使得系统资源共享不能够得以高效实现。

（四）管理信息系统结构不完善

图书馆信息管理系统一般包括 6 个子模块。但是我国大多数图书馆这些子模块并不健全，基本上只有图书馆业务子模块，其他的子模块并没有真正应用到，导致图书馆信息管理系统强大的功能不能完全发挥出来。例如，图书馆信息管理中的数据处理、预测、计划控制、决策优化等都没有完全地发挥出来。

（五）图书馆管理员的计算机应用水平有待提高

图书馆信息管理系统的建立能够降低图书馆管理员的工作强度，也可以提高工作人员的工作效率，前提是工作人员会灵活应用图书馆信息管理系统。

如果不会使用此系统，那么此系统就无法发挥其强大的功能，无法完成其建设的目的。

4.1.5 现代图书馆信息资源管理存在的问题

（一）网络环境下信息资源管理存在的问题

1．传统管理体制的约束

随着现代信息技术的不断发展和应用，信息资源管理已经涉及信息技术、信息处理、信息开发、信息服务的整个流程与体系。传统图书馆的管理体制已经没有办法有效满足如今网络环境下信息资源管理工作的需要。在传统的组织体系下，信息资源处于分散管理的状态，管理体系特点不明，极大地约束了信息资源管理工作的高效运行。

2．传统馆藏模式的约束

信息载体的多样化从根本上改善了图书馆传统的馆藏结构。电子文献、数字资源等新载体极大地丰富了馆藏内容，网络信息资源进一步拓展了图书馆的馆藏资源，使图书馆的馆藏从静态资源系统向动态资源系统转变，而传统的馆藏模式已经不能适应当今信息资源管理的要求，难以支撑起不断变化更新中的动态资源体系。

3．管理人员素质的约束

在网络环境下，现代图书馆信息资源管理中，进行信息资源管理对图书馆工作人员提出了更高的要求，因此管理人员素质和技能不能仅停留在传统的服务层次和水平上。而现实情况是，许多图书馆工作人员的专业知识、专业水平和信息素养与现代信息资源管理的要求存在较大差距，制约了信息资源管理的有序推进和长远发展。

（二）数字图书馆信息资源建设中存在的问题

1. 缺乏宏观管理

目前我国各图书馆传统的管理体制与协调机制还不够健全，在很大程度上制约了图书馆信息资源的数字化发展，同时也非常不利于数字图书馆现代化网络的建设[29]。我国数字图书馆建设起步比较晚，缺乏宏观管理导致系统与系统、地区与地区及馆与馆之间的协调比较困难，文献信息资源的共享也比较差，同时存在信息资源的闲置和短缺两个极端。

此外，重复购买和重复加工问题也比较严重，各图书馆之间各行其是，竞相开发自己的软件系统，独自进行馆藏书目回溯建库，不但使得软件质量很难得到保证，而且兼容性也比较差，数据标准化程度较低，在网络化时代不利于文献信息的资源共享。

2. 数字信息资源管理人才缺乏

人才是数字图书馆信息资源管理的一个核心问题，从总体上来看，目前我国图书馆人员的文化程度与知识结构虽然有了很大改变，但具体而言，数字信息资源管理人才依然不足，各图书馆都比较缺乏可以胜任数字信息资源开发与管理的专业人才。数字信息资源管理需要新型知识结构、一专多能的综合型人才，他们既要能够从事信息管理系统的设计和运行，也要比较精通图书馆方面的业务。

3. 数据库作用发挥不充分

20 世纪 80 年代初到 90 年代，是我国图书馆数据库建设的高速发展阶段，从书目、文摘发展到全文数据库，图书馆数据库的数量和数据规模都达到了令人欣喜的高度，但是与发达国家相比，在规模、数量及容量等方面还存在着比较大的距离。一些数据库的更新和维护不及时，数据库生产分布不均、重复建设严重、高质量数据库较少、规模化程度不够、商业化程度低、数据库标准化和规范化程度不高等问题，导致信息资源的内容缺乏新颖性，数据库利用率低，没有发挥其应有的作用。

4. 面临数字信息安全问题

数字图书馆是一个开放式的数字资源网络系统，我国目前的数字图书馆对信息的保密和系统的安全性考虑不够，还存在着网络系统信息安全的问题，很容易受到黑客袭击或计算机病毒感染，进而导致文件被删除、数据被破坏及系统稳定性差等问题。同时，数字信息有共享和易于扩散等特点，也使得它在处理、存储、传输和使用过程中容易被干扰、滥用，甚至被篡改，在长期保存中保证数字信息的安全可靠是当前数字图书馆信息资源建设中面临的重要问题。

5. 知识产权保护机制不健全

数字图书馆信息资源的建设中会涉及众多知识产权保护问题，如信息资源数字化、信息资源的采集、信息传递的过程、信息资源的复制都能够引起知识产权保护问题。而数字图书馆的域名保护、数字图书馆网页的版权保护、数字图书馆信息资源库等也存在知识产权保护问题。此外，在数字图书馆的开发与研究中，还需要大量使用计算机软件，这些软件有的是独立开发研究的，有的是承包开发研究的，有的是合作开发研究的，无论是哪种形式开发的软件，都会涉及自主知识产权保护问题。数字图书馆建设中知识产权保护法律法规的不健全，也是制约其发展的一大瓶颈。

6. 分类标准不规范

分类和索引是检索的基础，目前数字化图书馆信息资源还没有一个统一的索引方法和分类标准，因此会存在因分类方法不同，导致搜索工具混乱的局面。目前的分类方法绝大多数都只是尽可能多地给出信息，而不管是否有用，这就导致检索出的条目非常多，但是会出现鱼龙混杂的状况，使得用户无从下手而错过真正需要检索的信息。

4.1.6 现代图书馆信息管理系统优化策略

（一）全力改变传统管理方式

图书馆要想实施信息化管理，当务之急就是摆脱传统观念的束缚，彻底转变固有的管理观念，解放思想，破除陈旧的“封闭式服务”与“重藏轻用”的管理模式。要强化信息服务意识，树立信息化、竞争、创新、资源共享等新的服务理念[30]。要充分认识信息化资源具有的传递性、实用性、商品性和知识性等重要特征。要把图书馆由传统的管理与服务模式转化为依托于信息化环境的先进的管理与服务模式。要从现代人的实际读书需求和信息需求出发，更好地为读者服务。

（二）信息服务意识和理念的加强

大数据时代的图书馆工作，必须适应时代发展的要求，切实转变服务观念，树立“读者第一，服务至上”的理念，强化读者服务的意识，做好新时期的读者服务工作[31]。图书信息管理要重点做好一切为了读者，以为读者提供更加快捷、方便的服务为目标，全面推动现代图书馆为读者服务的水平健康快速地发展。现代图书馆图书信息管理就是要让图书馆坚持“一切为了读者，为了一切读者”的服务理念。现代图书馆信息管理的优化目标是要想读者之所想，急读者之所急，建立健全信息资源共享机制，实现利益互补，进而得以更好地为读者提供优质服务。

信息资源建设要注重资源组成结构与质量，馆藏资源的构成要与学科建设和发展相结合，采购比例和资源等级以学校特色学科、重点学科、优势学科、发展学科、人才培养、课程体系、课程设置等为主进行合理分配，以便支撑“一流学科”建设与发展的需要，同时兼顾一般学科，满足读者日常需求[32]。

（三）不断增加硬件和软件投入

信息化是一项复杂的系统工程，涉及技术装备、人力资源、业务流程再造等多个方面，所有这些都需要一定的资本投入。信息化在图书馆管理系统中的实际应用，不但能够强有力地推动图书馆网络化进程以及服务现代化的发展，还能够改变图书馆传统业务的技术手段，实现信息资源的深度开发和普遍共享，更能够全面提升图书馆信息服务能力和文献保障水平。所以，图书馆应当不断增加硬件和软件的经费投入，购置专业性的设备，不断开发为读者提供特殊服务的功能，加强网络导航服务，向公众提供多层次、多样化、专业化的数字图书馆服务，促使图书馆网络互动的形成和信息资源保障体系的建立，为实现网络化提供各种软、硬件保障。

（四）改变图书馆自身落后的管理模式

信息管理优化的关键是摒弃固有的管理理念，大力解放思想，积极开拓新型信息化管理模式。在管理优化模式下，更需要强化信息服务意识，重新树立信息化、竞争化、创新化、资源共享化的服务理念。现代图书馆应改变传统的管理和服务模式，在传统的管理模式中融入信息环境下的先进管理和服务模式，从而更好更快地为读者提供高质量的服务。

（五）加强图书馆管理与服务的信息化与数字化

现代图书馆信息管理的优化不仅是信息资源的数字化，还是图书馆管理与服务的信息化和数字化。在信息社会发展的今天，电子产品的快速普及，图书馆的功能已经不是仅为用户提供文献资源，这就要求今天的图书馆的重要资源的制作应符合传播便捷，内容生动形象的特点。因此，在信息化建设中，要把图书馆的电子信息资源建设作为重点之一。

（六）全面推进图书馆的电子信息资源建设

图书馆的信息化不仅是信息资源的数字化，也是图书馆管理与服务的信息化和数字化。近些年来，由于电子信息的用户群体非常广泛，制作传播也比较快速，内容生动形象，已经逐渐成为图书馆的重要资源。因此，必须全面推进图书馆的电子信息资源建设，进一步把图书馆建设成为服务规范、勇于创新、尊重知识、尊重人才、尊重科技的重要场所，从而更好地满足高校师生的文化生活需要。

4.1.7 网络环境下信息资源管理优化策略

（一）更新观念，树立现代信息管理意识

网络技术的应用和普及打破了传统信息传播活动中的各种限制，改变了图书馆传统的信息资源管理模式。馆藏资源和网络信息资源共同构成了图书馆信息服务的资源库。没有网络资源，任何图书馆都不可能依靠其有限的馆藏文献资源提供广泛的信息服务。图书馆在现代信息资源管理中应该解放思想、更新观念，不能局限在建立一个有限的物理实体的馆藏，应该放弃“小而全”的分散封闭的传统藏书模式，不求所有，但求所用，用集中、开放、整体发展的思想管理信息资源，使之能够适应新时期信息用户的需求。

（二）加强特色数字馆藏资源建设

数字信息资源建设是图书馆长期规划与发展的核心内容。在网络环境下，各高校图书馆拥有重复的信息资源是一种资源的巨大浪费。各高校图书馆都拥有各具特色的网络数字信息资源，才能真正体现网络这一资源宝库的特点。图书馆在文献资源建设中应该抛弃“大而全”“小而全”的传统

办馆思路和馆藏模式，加强在馆藏发展中的分工协调，使各馆致力于特色数字馆藏资源的建设。这一建设过程主要包括实体馆藏资源数字化和网络信息资源馆藏化两方面的内容。馆藏信息资源数字化是将各种载体形态的馆藏信息资源以数字化的形式建设成为特色数据库并发布到网上，使之成为网络信息资源的一部分。网络信息资源馆藏化则是指具有较高信息素养的图书馆信息资源管理人员，在充分了解网络资源分布情况的基础上，采集、整理和挑选网上信息，为用户提供网络信息导航，使其可以如同利用实体馆藏一样方便快捷地利用网络信息。

（三）扩展信息资源管理系统功能

网络环境下信息资源管理系统应该具有开放性、多样性及友好性等特点，其内涵和外延也在不断地深化与拓展中。所以，图书馆必须根据信息技术的发展与信息用户的需求不断开发新技术，增加新内容，拓展新领域，提供新服务。信息资源管理系统的功能不仅包括数字资源的共享，还应该包括人力资源、设备资源、网络资源、专家资源的全面共享。这个系统必须技术先进、运行稳定、功能全面、扩展性良好，有了这样高质量的管理系统，图书馆的信息资源管理工作才能得心应手，水到渠成。

（四）建设信息资源管理专业人才队伍

在网络环境中，要实现信息资源的有效管理，必然需要一支理念先进、能力突出、知识全面、技能精湛的复合专业人才队伍。他们不仅要能轻松掌控网络信息，善于收集和整理网络信息，还要能熟练操作和开发信息资源管理系统，能够为用户提供全方位的信息服务。只有这样的人才队伍，才能推动图书馆信息资源管理的长期有序发展。为了建设这样一支高素质、高水平的队伍，图书馆工作人员必须加强专业学习，提高知识水平和增强技术能力，具有一定的创新和管理能力，成为复合型人才。同时，图书馆也应该为这样一支队伍的建设提供相应的培训体系和足够的支持。

（五）建立信息资源保障体系

网络技术、信息技术、现代通信技术的不断成熟和发展，为构建信息资源保障体系提供了强大的技术保障。当前，从国家到地方，各文献信息保障机构和图书馆联盟的建设都取得了重大的成果。国家和地方两级文献信息服务中心分别负责不同范围的书目中心、馆际互借中心和网上检索中心的功能。各成员单位以不同方式协同工作，通过网上编目、编制联合目录、建立联合目录数据库、开展馆际互借等形式的合作活动，大大提高了本单位信息资源管理的效率。为用户提供更全面、更丰富、更快的信息服务的能力也在增强。

4.2　高校图书馆传统信息服务

4.2.1 高校图书馆信息服务的基本概念

图书馆信息服务的概念是根据用户的信息需求，以特定的形式和内容，以特定的方式满足用户信息需求的服务行为过程。信息服务是图书馆发展的根本所在，图书馆应该在竞争激烈的环境下提高信息服务能力，转变服务理念和意识，为迎接大数据时代做好信息服务准备。图书馆信息服务所追求的目标就是用户的高满意度，在满足信息用户需求的同时又体现了图书馆工作人员的服务价值。这是每一个图书馆工作人员所要追求的目标，更好的信息服务才能满足当今人们的信息需求。因此信息服务在图书馆发展中已成为重要的服务功能。

4.2.2 高校图书馆信息服务的特点

图书馆信息服务除了具有一般信息服务的特点外，它还有自己的一些特性。首先图书馆信息服务具有一定的知识性，图书馆是人类精神文明和知识积累的产物，它的发展依赖于人类知识的创新。图书馆也是信息收集、选择、加工、传播和应用的场所，它可以促进显性知识和隐性知识相互转化，使得知识被人们充分利用。其次图书馆信息服务具有依赖从属性，由于图书馆信息服务是一种社会现象，是人们社会实践和科学技术发展的结晶，因此图书馆信息服务的形式和内容都会随着社会信息需求的变化而变化，并且依赖其发展。再者图书馆信息服务具有一定的开放性，信息是开发的，因此图书馆信息服务的本身也是具有开发性的。在网络时代，图书馆信息服务的宗旨就是将信息资源进行共享。另外图书馆信息服务的用户也是开放的，只要有信息需求，图书馆信息服务都应该尽力满足。最后图书馆信息服务具有一定的连续性，人们认识客观事物都是具有客观规律性的，是一个循序渐进的过程，因此图书馆信息服务也是持续不断地给用户提供知识和信息服务。

4.2.3 高校图书馆信息服务的现状

（一）图书资料借阅服务

为了适应社会的发展，目前我国大部分图书馆都拥有自己的网站，并且网站图书资源非常的丰富（电子书、音频、视频等），同时也建立了相应的网上资料借阅制度，为人们的图书借阅提供了方便。图书馆拥有网站以后，图书的借阅服务有了很大的提升，用户可以通过网络查询自己借阅图书的基本信息、例如借阅时间、借阅数量、归还日期、网上续借等，方便了图书资料借阅。以往的图书馆信息服务只停留在对图书借阅上，很少能实现对用户的个性化信息服务。这就是当前图书馆资料借阅服务的现状。

（二）网络信息资源检索服务

所谓网络信息资源检索就是利用计算机技术、网络通信技术对所需要的信息通过互联网进行查找。信息资源检索服务有三种方式：数据库检索服务、信息推送服务和 OPAC。数据库检索服务包括自建数据库服务和在线数据库检索；信息推送服务则是运用了推送技术，定期向读者发布推送信息，如现在微信上面的定位服务，可以根据您的位置为您推荐周边的美食和景区；OPAC 指的是在线公共目录查询系统，可以利用现代网络查找和借阅书目。由于用户的信息需求不断提高，网络信息资源检索服务也在不断的进步，目前使用最多的就是数据库检索服务和信息推送服务，在网络时代，二者相结合就能体现网络信息服务的优势和特点，这就是目前网络信息资源检索的现状。

（三）网络咨询参考服务

图书馆传统的咨询服务由专业的人员解答读者的疑问，虽然能及时的帮助读者解决问题，但是受到了时间和空间的约束，用户不能随心所欲地完成信息咨询。然而网络咨询服务就能解决这一难题，读者可以根据自己的情况直接向图书馆提出意见，或者通过网络电子邮件的方式向图书馆提出意见或者建议，也能在线获得帮助。有了网络咨询服务，用户就不再受时间和空间的约束，在家里或者寝室，甚至是走在路上都能够完成网络信息咨询。互联网技术的发展是网络咨询服务得以实现的重要保障，其应用能促进网络咨询参考服务做得更加完善，这就是目前网络咨询参考服务的现状。

4.2.4 高校图书馆信息服务的对象

由于高校图书馆的种类多，本文选取其中最为典型的高校图书馆进行研究，将高校图书馆信息服务人群划分成了五类：本科生、研究生、教师、科研人员、其他工作人员。主要是表现在以下 5 个方面：

第一，高校图书馆的主力军就是本科生，本科生的在校生是最多的，他们不仅需要学习本专业的课程，还需要拓展自己的阅历，因此图书馆成了他们最好的选择。图书馆为他们提供了丰富的信息资源。

第二，高校研究生则具有一定的学科研究方向，他们对文献和课题都具有选择性，他们始终是站在知识的最前沿，相对本科生来讲，研究生的数量就少了很多，但是他们对文献质量的要求会更高。

第三，教师在图书馆信息服务对象中也占了一定的比例，他们所需要的文献资源相对比较稳定，但是他们对信息的时效性、精确性和可靠性要求都很高。教师也只有不断自我完善才能更好地教书育人，因此，他们在完成自己所授课程以外还需要不断扩充自己的专业知识。

第四，高校科研人员与教师相比他们所需要的专业范围和文献类型都更单一，他们所关心的是文献的查全率，能随时掌握前言信息，了解课题动态，最终完成自己的科研项目。

第五，其他工作人员，主要包括一些管理人员和后勤人员，他们可能对图书馆信息服务要求不太高，他们可能只关心一些综合性的信息，他们对图书馆信息资源的利用相对较少。

4.3 高校图书馆读者服务宗旨

高校图书馆作为高校教学科研工作的文献信息中心，是集知识传播、知识创新和知识应用为一体的综合信息服务的聚集地，是高校的三大组成部分之一。在高校图书馆，读者服务工作是实现文献交流的一个重要的中间环节。通过开展多种形式的读者服务，在图书馆和读者之间架起了一座桥梁，其服务质量将直接影响学校的教学和科研水平。高校图书馆的工作要以读者为中心，了解读者，思考读者所想，为读者所急，解读者所难，为读者提供多样化、多层次、全方位的服务。

部分高校图书馆的“读者至上，服务第一”服务理念，受传统思想的影响仅仅表现在口号上。高校图书馆有较强的教学与科研参与性。传统高校图书馆基本是以馆藏图书文献资料为基础，以简单的书籍借还形式为读者提供文献资料，并以此来参与高校教学与科研研究，图书与信息资料利用率较低，从而限制了服务的人员范围与服务水平，没有充分利用馆藏资源。在信息社会里，高校图书馆正面临着信息多元化的冲击，加之部分馆员服务理念保守、落后，创新与学习意识薄弱，缺乏主动服务意识、以人为本理念和服务意识，不能及时、主动地为读者提供有价值、有针对性的信息资源服务，影响了高校图书馆服务工作的开展，也影响了读者利用图书馆资源的积极性。

目前部分高校图书馆馆员素质参差不齐，整体偏低。无论是专业素质还是业务能力及服务理念都存在着较大差距。随着信息网络技术的发展，部分图书馆工作人员专业素质明显缺乏，原有的专业知识已不能满足需要。部分馆员学习意识差，专业能力停滞不前，部分高校图书馆没有制定相应的馆员培养计划，不能满足现代高校图书馆发展的需要。高校图书馆要发展，就必须重视整个服务人员的素质，才能更好地为读者服务，有效提高所收集文献资源的利用率。

我们迎来了 21 世纪，同时也迎来了信息技术时代。同时图书馆读者服务也是一个不断发展革新的领域，随着时代的进步它也在发生着飞快的变化。因此，创新的服务理念和服务方法的发展，也顺应了图书馆与时俱进的发展理念。图书馆核心价值的体现过程通过读者服务体现出来。另一方面，它又是图书馆发挥功能的基本形式，自然成为业界讨论的永恒话题。

现代图书馆的要求是重新构思特色服务，以积极服务的奉献精神满足读者和用户的各种需求。因此，图书馆的服务理念应围绕这一要求，创新服务理念。

1. 提高馆员服务理念

馆员是图书馆服务的主体，所以图书馆服务理念的创新要首先从馆员开始，以他们的思想、行为、态度等各种表现，来反映图书馆的形象。如果馆员首先拥有了先进的服务理念，那么就为高校图书馆创新奠定了基础。然而一个优秀的图书馆员应该具有常新的思维理念，一个先进的图书馆应该成为拥有一批具有创新思想的馆员的文化信息机构。为了高校图村馆读者服务理念的创新和日益完善，就要求每个馆员不断进取、不断创新、不断完善自我。

2．转变服务理念

要转变服务理念就要与读者进行换位思考，站在读者的角度上来体会我们的服务态度合理与否。随着时代的进步，读者对服务的要求也在不断改变，所以我们要改变传统图书馆那种“图书馆，管藏书”的闭关自守的服务思想。在这个网络信息时代，我们要充分开发利用好网络这一资源，使我们的服务理念呈现出针对性、开放性、主动性、多样性等特点。

提高高校图书馆工作人员的整体业务水平，体现“以人为本”的管理理念，为了更好地向读者服务，作为图书馆人员必须做好以下要求。

1．优化馆藏，提高质量

高校图书馆是教育教学、科研的辅助部门。对落伍的、失去收藏价值的图书进行剔旧。首先以高校图书馆为例，由于种种原因，以前追求“多而全”，忽略了质量、品种，使一些非专业图书占有很大的比例，有些书籍复本号甚至达十几册，减小了馆内储存空间，也大大地浪费了读者的搜索时间，给图书馆员增加了很大的管理难度。为优化馆藏，提高图书馆员工作效率和准确性，每天整理书架，对发现有损坏、缺少书标或条码、条码重复的图书应及时下架；定期进行书目数据库的维护，提高书目数据库的可靠性。其次，高校图书馆逐步向数字化图书馆转变，文献资料信息的加工、编目、著录、索引、查重、借阅以及为读者办理借阅证，都是以自动化系统代替人为加工，比如读者要查询借的什么书和借阅时间，有没有逾期；读者想查询某种图书种类及所在位置，图书馆员将查询的信息输入电脑借阅管理系统软件，所需查询数据很快显示出来，一目了然。所以要改善馆藏结构和提升馆藏文献质量，大大提高服务效率和服务质量，才能更好地为读者服务。

2．改变观念，提升服务

图书馆的服务观念直接影响服务工作的进行和服务质量的提高。在现代数字图书馆，图书馆员要时刻树立“以人为本”的服务理念。“以人为本”就是以全体工作人员为本，就是要尊重人、信任人、关心人、理解人、鼓励人、培养人。通过文明的礼貌用语、端庄的举止、读者第一、服务至上的精神，为读者树立一个健康、美好的形象，创造一个温馨舒适的读书环境，使读者感受到亲切的感觉以及知识给予人的力量。首先，要做到主动服务。“主动服务”是体现以人为本的一个具体行动，这样的行动越多、学生与教师才能得到更多的方便。变被动服务为主动服务一直是我们图书馆努力的目标。随着信息时代的变化，图书馆要进一步加强主动服务意识，树立“以读者为中心”，为人找书、为书找人，让读者在图书馆感到身心愉悦，更好地激发读者的求知欲。其次，要做到便捷服务。长期以来，图书馆一直努力为读者利用图书馆更加方便，从最初的封闭式借阅到全天开放借阅，提供网络化信息服务，一直是图书馆努力的方向。但是因各种原因，读者利用图书馆时仍有许多不便，如借还图书必须到图书馆，借阅期限设为 30 天，逾期还要罚款；阅览杂志、查询专业书籍只能在馆内使用。面对开放存取的情况，图书馆必须在服务读者方面下功夫。

所谓的“以人为本”是指一切以人为中心，根据人的需求提供服务的一种服务理念。在当今社会，随着社会的进步，文化交往的加深，以人为本的服务理念几乎渗透到了每一类服务行业。究其最重要的原因，不外乎这种崇尚自主平等、人性自由的观念深入人心，符合人们的心理追求。高校图书馆读者服务中的“以人为本”，就是要根据学生和教师的需求提供他们所需要的服务。同时，应当给予学生和老师这个群体平等的权利，把学生和教师这一群体的读者放在最重要的位置，这既有利于高校图书馆读者服务质量的提高，也有利于学校图书馆工作的顺利进行。

4.4 大数据带来高校图书馆思维变革

知识因发现而更加美好，图书馆因发现系统而更加绚丽，自 20 世纪 90 年代中期美国开始实施信息高速公路计划以来，数字图书馆就已经成为遍及全球的图书馆发展趋势。中国数字图书馆发展过程的里程碑与划时代标志是 1998 年国家正式批准实施的中国高等教育文献保障系统（CALIS）。1999 年 CALIS 项目开始全面启动，迄今已是 20 多年。在这 20 多年中，引领中国图书馆发展方向的高校图书馆已经实现了完美转变，完成了质的飞跃。图书馆不再是纸质的世界，目前，很多高校图书馆拥有的外语数字图书资源更是已经可以与世界一流大学图书馆的数字资源媲美，各高校图书馆的中文数字资源数量早已远远超越其纸质资源。

随着数字资源的迅速扩张，面对复杂多样的海量信息，从事科研工作的读者的需求已不仅仅是获取大量间接信息资源，更重要的是直接获取能够解决问题的精确知识。为了向高校师生、学科建设与发展提供一流的服务，作为各种资源和信息汇集中心的高校数字图书馆，必须改变传统只能提供文献资源的信息服务模式，转变到能够提供问题解决方案的知识服务模式。

知识发现服务的理念在图书馆界的应用可谓是源远流长。著名的图书馆学家阮冈纳赞在对图书馆五定律的阐述中早已明确了图书馆资源发现服务的实质，是图书馆界最早、最真实的发现服务。如今，网络和现代技术从多个维度地深入到了图书馆的各项服务工作中，信息、情报以及智能转换发现贯穿于现代图书馆服务的整个过程。资源发现、情报发现、用户发现的压力使图书馆发现服务被赋予更深更广的内涵，知识发现服务越来越多地被图书馆高度重视。知识发现服务是数字图书馆信息服务的高级阶段，是信息服务发展的必然趋向。在面向高校学科读者知识需求解决过程中，针对高校用户在知识获取、知识选择、知识吸收、知识利用、知识创新过程中的需求实施深层次服务。对相关学科专业知识进行搜索、组织、分析、重组，为学科用户提供所需专业知识的服务。

基于对知识发现服务的重视，高校图书馆通过创建期刊导航和数据库导航，提供 SFX 链接服务，建立集成检索系统，引入众多国内外的知识发现系统。知识发现系统平台的确很好的实现了知识发现的深层次服务，一定程度地提高了图书馆数字资源的使用率。可以看到，近几年，各高校图书馆纷纷引入 Summon、Primo、Encore、超星等统一资源发现系统，为读者用户提供集成资源检索与发现服务。主要解决图书馆只能对其本馆资源揭示数据库名称或期刊刊名，但无法揭示更细粒度的论文。其原理是：系统提供商通过与出版社等内容提供商的合作，对海量的元数据进行预加工与存储；另一方面，系统提供商获取到高校图书馆所购买的数据库信息和自建数据库的元数据。将两者对接起来，实现高校图书馆购买资源或本地资源的统一检索。

所以，统一资源发现系统有以下几个优势：

（1）统一的检索入口，用户不必在各个数据库之间转换；

（2）元数据集成存储，搜索速度较快，并且搜索结果展现相对规范；

（3）针对各图书馆资源进行索引，原文链接与获取的服务可以得到更好的保障；

（4）各图书馆可以针对性地提出一些个性化功能和服务，以更好地满足读者需求。

但在实践中，同图书馆的各类软件相比，用户更加习惯使用百度学术、谷歌学术等互联网产品进行资料查询，锁定所需材料，进而再到图书馆获得全文资源。更有甚者，很多学生居然不知道他所获得的全文服务是由图书馆提供的。

目前的知识发现系统对数据资源的整合远远不够，统一资源发现系统主要进行了元数据题录层面的揭示，但没有做引文层面的揭示，而用户在检索时往往会通过引文信息来判断文献的质量。另外，检索的召回准确效果一般。对于一个搜索引擎来说，检索相关性做到及格很容易，但如果想做到优秀还是非常难的，想达到满分那几乎不可能。相比用户青睐的互联网产品，统一资源发现系统响应仍旧过慢，而且服务不够稳定。图书馆在被动提供知识的空间向主动推送精准服务转型的过程中，需要充分利用先进的搜索引擎技术才能在知识服务方面充分发挥知识服务优势。

去年，百度学术悄然上线，向各高校铺开免费的统一资源发现服务，图书馆与互联网的紧密结合，是不是能够更好地连接与用户的服务？这是值得尝试和推敲的。百度学术对海量资源的高度集成及深度加工、大数据计算能力、稳定的检索服务及优质的检索效果都是互联网产品的佼佼者，是有较为明显的优势的。其成熟的统计平台及用户行为分析技术还能更好地帮助图书馆分析用户行为，优化用户体验。

优势一：对海量资源的高度集成及深度加工。

百度学术的元数据获取方式主要有三种：

（1）与世界知名内容提供商进行一对一合作，授权获取到最为全面、稳定、优质的题录数据；

（2）对于部分开放资源，采用如 OALPMH 协议等的元数据收割技术进行数据收集；

（3）对于长尾站点，充分发挥搜索引擎的技术优势，利用爬虫进行数据的收录、解析、加工处理。

基于以上方式构建出最为全面的元数据库。

优势二：大数据计算能力。

百度学术充分发挥大数据计算优势，对亿级别的海量资源进行实时计算和更新，并深度加工形成高质量的学者库、期刊库、会议库、机构库等知识库，以期为用户提供更为优质的信息揭示服务。

优势三：稳定的检索服务及优质的检索效果保障。

百度学术基于百度的检索技术，可保证每天上亿次的检索请求，并将响应时间控制在亚秒级别。此外，百度学术除了引入相关性计算外，还会综合考虑文献被他人引用情况、文献的作者影响力、文献的出版来源影响因子、时间等因素综合给出优质的排序效果。

优势四：成熟的统计平台及用户行为分析技术。

百度拥有较为成熟的统计平台，可以对用户使用行为日志进行实时存储、统计、可视化。帮助站长分析用户行为，优化用户体验；同时也可以帮助站长更好地监控到系统问题，保障用户的稳定使用。

近年来大数据技术的快速发展深刻改变了我们的生活、工作和思维方式。大数据研究专家舍恩伯格指出，大数据时代，人们对待数据的思维方式会发生如下三个变化：第一，人们处理的数据从样本数据变成全部数据；第二，由于是全样本数据，人们不得不接受数据的混杂性，而放弃对精确性的追求；第三，人类通过对大数据的处理，放弃对因果关系的渴求，转而关注相关关系。

事实上，大数据时代带给人们的思维方式的深刻转变远不止上述三个方面。大数据思维最关键的转变在于从自然思维转向智能思维，使得大数据像具有生命力一样，获得类似于“人脑”的智能，甚至智慧。

总体思维：社会科学研究社会现象的总体特征，以往数据采样一直是采用主要数据获取手段，这是人类在无法获得总体数据信息条件下的无奈选择。但在大数据时代，人们可以获得与分析更多的数据，甚至是与之相关的所有数据，而不再依赖于采样，从而可以带来更全面的认识，可以更清楚地发现样本无法揭示的细节信息。正如舍恩伯格总结道：“我们总是习惯把统计抽样看作文明得以建立的牢固基石，就如同几何学定理和万有引力定律一样。但是，统计抽样其实只是为了在技术受限的特定时期，解决当时存在的一些特定问题而产生的，其历史不足一百年。如今，技术环境已经有了很大的改善。在大数据时代进行抽样分析就像是在汽车时代骑马一样。在某些特定的情况下，我们依然可以使用样本分析法，但这不再是我们分析数据的主要方式。”也就是说，在大数据时代，随着数据收集、存储、分析技术的突破性发展，我们可以更加方便、快捷、动态地获得研究对象有关的所有数据，而不再因诸多限制不得不采用样本研究方法，相应地，思维方式也应该从样本思维转向总体思维，从而能够更加全面、立体、系统地认识总体状况。

容错思维：在小数据时代，由于收集的样本信息量比较少，所以必须确保记录下来的数据尽量结构化、精确化，否则，分析得出的结论在推及总体上就会“南辕北辙”，因此，必须十分注重精确思维。然而，在大数据时代，得益于大数据技术的突破，大量的非结构化、异构化的数据能够得到储存和分析，这一方面提升了我们从数据中获取知识和洞见的能力，另一方面也对传统的精确思维造成了挑战。舍恩伯格指出，“执迷于精确性是信息缺乏时代和模拟时代的产物。只有 5%的数据是结构化且能适用于传统数据库的。如果不接受混乱，剩下 95%的非结构化数据都无法利用，只有接受不精确性，我们才能打开一扇从未涉足的世界的窗户”。也就是说，在大数据时代，思维方式要从精确思维转向容错思维，当拥有海量即时数据时，绝对的精准不再是追求的主要目标，适当忽略微观层面上的精确度，容许一定程度的错误与混杂，反而可以在宏观层面拥有更好的知识和洞察力。

相关思维：在小数据世界中，人们往往执着于现象背后的因果关系，试图通过有限样本数据来剖析其中的内在机理。小数据的另一个缺陷就是有限的样本数据无法反映出事物之间的普遍性的相关关系。而在大数据时代，人们可以通过大数据技术挖掘出事物之间隐蔽的相关关系，获得更多的认知与洞见，运用这些认知与洞见就可以帮助我们捕捉现在和预测未来，而建立在相关关系分析基础上的预测正是大数据的核心议题。通过关注线性的相关关系，以及复杂的非线性相关关系，可以帮助人们看到很多以前不曾注意的联系，还可以掌握以前无法理解的复杂技术和社会动态，相关关系甚至可以超越因果关系，成为我们了解这个世界的更好视角。舍恩伯格指出，大数据的出现让人们放弃了对因果关系的渴求，转而关注相关关系，人们只需知道“是什么”，而不用知道“为什么”。我们不必非得知道事物或现象背后的复杂深层原因，而只需要通过大数据分析获知“是什么”就意义非凡，这会给我们提供非常新颖且有价值的观点、信息和知识。也就是说，在大数据时代，思维方式要从因果思维转向相关思维，努力颠覆千百年来人类形成的传统思维模式和固有偏见，才能更好地分享大数据带来的深刻洞见。

智能思维：不断提高机器的自动化、智能化水平始终是人类社会长期不懈努力的方向。计算机的出现极大地推动了自动控制、人工智能和机器学习等新技术的发展，“机器人”研发也取得了突飞猛进的成果并开始一定应用。应该说，自进入到信息社会以来，人类社会的自动化、智能化水平已得到明显提升，但始终面临瓶颈而无法取得突破性进展，机器的思维方式仍属于线性、简单、物理的自然思维，智能水平仍不尽如人意。但是，大数据时代的到来，可以为提升机器智能带来契机，因为大数据将有效推进机器思维方式由自然思维转向智能思维，这才是大数据思维转变的关键所在、核心内容。众所周知，人脑之所以具有智能、智慧，就在于它能够对周遭的数据信息进行全面收集、逻辑判断和归纳总结，获得有关事物或现象的认识与见解。同样，在大数据时代，随着物联网、云计算、社会计算、可视技术等的突破发展，大数据系统也能够自动地搜索所有相关的数据信息，并进而类似“人脑”一样主动、立体、逻辑地分析数据、做出判断、提供洞见，那么，无疑也就具有了类似人类的智能思维能力和预测未来的能力。“智能、智慧”是大数据时代的显著特征，大数据时代的思维方式也要求从自然思维转向智能思维，不断提升机器或系统的社会计算能力和智能化水平，从而获得具有洞察力和新价值的东西，甚至类似于人类的“智慧”。

舍恩伯格指出，“大数据开启了一个重大的时代转型。就像望远镜让我们感受宇宙，显微镜让我们能够观测到微生物一样，大数据正在改变我们的生活以及理解世界的方式，成为新发明和新服务的源泉，而更多的改变正蓄势待发”。大数据时代将带来深刻的思维转变，大数据不仅将改变每个人的日常生活和工作方式，改变商业组织和社会组织的运行方式，而且将从根本上奠定国家和社会治理的基础数据，彻底改变长期以来国家与社会诸多领域存在的“不可治理”状况，使得国家和社会治理更加透明、有效和智慧。

4.5　国外大数据推进图书馆应用的实践

上世纪 60 年代到 80 年代早期，企业在大型机上部署财务、银行等关键应用系统，存储介质包括磁盘、磁带、光盘等。尽管当时人们称其为大数据，但以今日的数据量来看，这些数据无疑是非常有限的。随着 PC 的出现和应用增多,企业内部出现了很多以文档为主要形式的数据,包括 Word、Excel 文档，以及后来出现的图片、图像、影像和音频等。此时企业内部生产数据的已不仅是企业的财务人员，还包括大量的办公人员，这极大地促进了数据量的增长。互联网的兴起则促成了数据量的第三次大规模增长，在互联网的时代，几乎全民都在制造数据。而与此同时，数据的形式也极其丰富，既有社交网络、多媒体等应用所主动产生的数据，也有搜索引擎、网页浏览等被动行为过程中被记录、搜集的数据。时至今日，随着移动互联网、物联网、云计算应用的进一步丰富，数据已呈指数级的增长，企业所处理的数据已经达到 PB 级，而全球每年所产生的数据量更是到了惊人的 ZB 级。在数据这种爆炸式增长的背景下，“大数据”的概念逐渐在科技界、学术界、产业界引起热议。在大数据时代，我们分析的数据因为“大”，摆脱了传统对随机采样的依赖，而是面对全体数据；因为所有信息都是“数”，可以不再纠结具体数据的精确度，而是坦然面对信息的混杂；信息之“大”之“杂”，让我们分析的“据”也由传统的因果关系变为相关关系。

大数据热潮的掀起让中国期待“弯道超越”的机会，创造中国 IT 企业从在红海领域苦苦挣孔转向在蓝海领域奋起直追的战略机遇。传统 IT 行业对于底层设备、基础技术的要求非常高，企业在起点落后的情况下始终疲于追赶。每当企业在耗费大量人力、物力、财力取得技术突破时，IT 革命早已将核心设备或元件推进至下一阶段。这种一步落后、处处受制于人的状态在大数据时代有望得到改变。大数据对于硬件基础设施的要求相对较低，不会受困于基础设备核心元件的相对落后。与在传统数据库操作层面的技术差距相比，大数据分析应用的中外技术差距要小得多。而且，美国等传统 IT 强国的大数据战略也都处于摸着石头过河的试错阶段。中国市场的规模之大也为这一产业发展提供了大空间、大平台。大数据对于中国企业不仅仅是信息技术的更新，更是企业发展战略的变革。随着对大数据的获取、处理、管理等各个角度研究的开展，企业逐渐认识到数据已经逐渐演变成“数据资产”。任何硬件、软件及服务都会随着技术发展和需求变化逐渐被淘汰，只有数据才具有长期可用性，值得积累。数据是企业的核心资产，可以是也应该是独立于软硬件系统及应用需求而存在的。大数据是信息技术演化的最新产物，确立了数据这一信息技术元素的独立地位。正因为数据不再是软硬件及应用的附属产物，才有了今天爆炸式的数据增长，从而奠定了大数据的基础。

为了充分利用数据资产，大数据产业也呼之欲出。大数据时代来临，使商业智能、信息安全和云计算具有更大潜力。大数据产业链按产品形态分为硬件、基础软件和应用软件三大领域，商业智能、信息安全和云计算横跨三大领域，将构成产业链中快速发展的三驾马车。就国内而言，商业智能市场已步入成长期，预计未来 3 年复合年均增长率（CAGR）为 35%，“十四五”期间潜在产值将超万亿元；云计算刚进入成长期，预计未来 5 年 CAGR 将超 50%，2025 年产业规模预计将达数万亿元。IDC 在 2021 年 1 月 14 日发布《2021 上半年中国商业智能软件市场数据跟踪报告》，其中指出 2021 年上半年中国商业智能软件市场规模为 3.2 亿美元，同比增长

30.4%，远超前两年的增长。根据最新数据，2022 年中国商业智能软件市场将呈现高速增长态势，市场规模预计达到 10 亿美元；到 2025 年，中国商业智能软件市场规模将达到 16.0 亿美元，未来 5 年整体市场年 CAGR 为 21.6%。

IDC 发现，企业在 2021 年加速了数字化转型的步伐，特别是加快了云计算、人工智能、大数据以及商业智能在内的数字化技术的采购，以增加企业在类似“疫情”等极端情况下的韧性，也驱动了商业智能软件市场新一轮的高速增长。大数据处理的基础设施数据仓库、以物联网为代表的数据收集环节、实时性强的在线数据分析工具，以及数据可视化的产品呈现，数据挖掘的应用在营销、销售、人力资源、电子商务等各个商业领域广泛开展，大数据为个性化营销和精准化推荐提供了充足的养分和可持续发展的沃土。同时大数据研究会给企业管理变革带来巨大冲击。对现代企业的管理运作理念、组织业务流程、市场营销决策以及消费者行为模式等产生巨大影响，使得企业商务管理决策越来越依赖于数据分析而非经验甚至直觉。大数据将催生由信息驱动的的商业模式，在企业的价值链中发挥中间作用，通过商业交易创建极具价值的“排出数据”；数据驱动的决策制定，利用可控实验，企业能够验证假设、分析结果以指导投资决策及运作改变，利用大数据进一步提高算法和机器分析的作用，避免成本高昂的人工干预，节约成本，提高效益。

“大数据”这个概念早在 1980 年便出现在著名未来学家阿尔文·托夫勒的《第三次浪潮》一书中，其将“大数据”热情地赞颂为“第三次浪潮的华彩乐章”。2008 年 9 月《科学》杂志发表了一篇文章“BigData：Science in the Petabyte Era”，“大数据”这个词开始被广泛传播。目前国内外的专家学者对大数据只是在数据规模上达成共识：“超大规模”表示的是 GB 级别的数据，“海量”表示的是 TB 级的数据，而“大数据”则是 PB 级别及其以上的数据，但对其的准确定义结论不一。美国国家科学基金会（NSF）则将大数据定义为“由科学仪器、传感设备、互联网交易、电子邮件、音视频软件、网络点击流等多种数据源生成的大规模、多元化、复杂、长期的分布式数据集”。Wiki 对大数据的定义为：所涉及的资料量规模巨大到无法透过目前主流软件工具，在合理时间内达到撷取、管理、处理、并整理成为帮助企业经营决策更积极目的的资讯。麦肯锡全球数据分析研究所在 2011 年 5 月发表的一篇论文中所说：“大数据是指大小超出了典型数据库工具收集、存储、管理和分析能力的数据集。”但它同时指出“大数据”并非总是说有数百个 TB 才算得上。根据实际使用情况，有时候数百个 GB 的数据也可称为大数据，这主要要看它的第三个维度，也就是速度或者时间维度。权威 IT 研究与顾问咨询公司 Gartner 将大数据定义为“在一个或多个维度上超出传统信息技术的处理能力的极端信息管理和处理问题”。IBM 公司把大数据概括为 3V，即规模（Volume）、快速（Velocity）和多样（Variety），而 4V 则是在 3V 的基础上多一个价值（Value）。具体来讲，Volume 指数据量极大并仍在持续增大；Velocity 指所需的处理速度快，响应时间短；Variety 指数据类型繁多，包括结构化数据、半结构化数据甚至是非结构化数据（以此区分大数据与海量数据两个概念）；Value 指价值密度低，以视频为例，不间断的监控录像中，有用的数据长度可能仅有一两秒。由以上概念的差异可以看出目前主要从数据来源和数据的处理工具与处理难度两个方面对大数据进行定义。但是这种定义方式会和另一个词发生混淆——海量数据。有文献指出大数据=海量数据+复杂类型的数据，这一公式是否成立还待进一步讨论。如今“海量数据”研究方向主要考虑各种非结构化数据的有效管理、多数据源的集成问题。由此看来，要想区别两词还需要借助 IBM 关于大数据 4V 特征的说法，尤其是其中的 Velocity。强调数据是快速动态变化的，形成流式数据则是大数据区别于其他概念的最重要的特征。

国外除在大数据的概念上的研究外，重点放在技术研究上。美国政府六个部门启动的大数据研究计划中，除了国家科学基金会的研究内容提到要“形成一个包括数学、统计基础和计算机算法的独特学科”外，绝大多数研究项目都是应对大数据带来的技术挑战，重视的是数据工程而不是数据科学，主要考虑大数据分析算法和系统的效率。在国内，“大数据”以专有名词被我国政府提出并给予政策支持，国内学者关于大数据的研究已经深入开展。同时在国内似乎没有明确区分“大数据”和“海量数据”。国内在大数据研究领域的重点在大数据与云计算、数据挖掘、并行计算和分布式处理等方面，应用主要集中在新型信息基础设施建设。

4.5.1 发展动态

（一）资源的管理与利用

数据作为一种重要的资源，对它价值的挖掘利用具有非常重要的意义，因此一直是该领域的研究重点。研究主要涉及数字处理、数据分析以及数据挖掘，尤其是从海量、复杂、实时的大数据中挖掘知识，可见，对海量数据价值的挖掘、发现和创造价值一直是当前的研究热点。同时为了更好地建设数据资源，对数据的组织和存储显得尤为重点，于是相应地也成为研究热点，如元数据、数据仓库和数据存储等。

（二）信息服务

数据组织和建设的主要目的是开展服务。相关研究主要涉及地理信息系统、互联网、物联网、遥感、数字城市、商业智能等方面。而物联网一直是重点关注的新产业，对于数字城市及智慧城市的谋划建设更强调数据的价值。此外，统计还发现，中国移动、中国电信以及金融领域更注重从数据分析挖掘中获得智慧价值的利用。

（三）行业调整

Hadoop 迈向商业化，开源软件带来更多相关市场机会，将促使一批新型开放平台的诞生。同时大数据将由网络数据处理走向企业级应用，企业逐渐了解到大数据并不仅仅指处理网络数据，行业对大数据处理的需求也会增加，包括数据流检测和分析，大数据将创造出新的细分市场。

（四）关键技术

数据的管理和利用离不开技术的支撑，服务质量的提高更离不开高新技术的保障。近几年的研究主要涉及云计算、Hadoop、MapReduce、并行、分布式、多线程、网格、可视化等技术。尤其是云计算、MapReduce 以及 Hadoop 带来的分布式、并行式算法与“海量数据”有着密切的关系，而事实上这三者针对的具体目标本来就是大规模的数据。

4.5.2 目前存在的主要问题分析

（一）研究方法问题

大数据研究开创了科研的第四范式，与传统的逻辑推理研究不同，大数据研究是对数量巨大的数据做统计性的搜索、比较、聚类和分类等分析归纳，因此继承了统计科学的一些特点。统计学关注数据的相关性或称关联性，所谓相关性是指两个或两个以上变量的取值之间存在某种规律性，而不再关注因果关系。因果关系的研究曾经引发了科学体系的建立，近代科学体系获得的成就已经证明，科学是研究因果关系最重要的手段。对于相关性研究是可以替代因果分析的科学新发展还只是因果分析的补充，这曾经是一个大数据学术界讨论比较激烈的问题。

（二）领域融合问题

当前大数据研究的局面是各个学科的科学家都以自己为主处理本领域的海量数据，通信专家、计算机专家提炼出大量具有共性的大数据科学问题。通过对有关文献统计，目前大数据方面已发表论文较多的由计算机科学与技术专家撰写，大多立足于信息科学，侧重于大数据的获取、存储、处理、挖掘和信息安全等方面，但近年来从管理学的角度探讨大数据对于现代企业生产管理和商务运营决策等方面带来的变革与冲击的研究，也日益增多。然而，学科之间的交叉与融合有待加强，急需既拥有清理和组织大型数据能力又懂得“商业语言”的数据科学家。

第 5 章　高校图书馆信息服务变革

5.1　高校图书馆大数据内涵与价值

5.1.1 高校图书馆大数据内涵

一般而言，图书馆基本数据主要包括业务数据、文献数据和用户数据。图书馆业务数据指图书馆各个业务部门和图书馆人员、经费、馆藏和服务等日常业务工作的管理数据。图书馆的采访、编目、 数字化资源建设、参考咨询等业务活动产生的数据首先是工作状态数据，如每个馆员的业务量、业务内容、业务质量；其次是相关业务交流产生的数据；再次是对外服务时产生的数据，比如图书馆各个业务中心的工作日志就是一项数据，这种数据可以是文本、音频、视频，收集这种数据可以分析图书馆各项工作情况，从而获得改进内部业务工作的决策参考依据，强化自身建设。图书馆文献数据包括图书馆历年购置的各类文献资源（包括数字的、纸本的）、图书馆自建的书目数据库和文献数据库、各类网站、网页等。用户数据包括用户的个人信息、个人网站、个人博客、微博、微信和用户对图书馆各类文献资源的使用数据等内容。从数据角度而言，用户数据应是图书馆大数据的核心部分，也是目前难以全面有效地搜集、管理的部分。这三种数据可以是大数据或者说将可能成为大数据，我们应该运用大数据思维昭示隐藏在这些海量数据背后的某些规律性的东西或数据群与数据群之间的关联关系。

5.1.2 高校图书馆大数据价值

图书馆通过对系统管理数据、服务系统运营数据和用户服务数据，以及社交网络数据、移动互联数据、传感设备数据、科研共享数据等用户大数据的存储、管理和挖掘与分析，可以发现图书馆在人员安排、空间布局、资源配置与运营模式中存在的问题，可以发现数据资源之间、用户与数据库之间、不同数据库之间的相关性和融合性，可以发现现有文献配置与文献经费使用中存在的不足，发现用户需求、阅读方式和阅读取向的变化，为图书馆科学决策，及时调整人员、经费、文献、空间、技术、服务等方面存在的问题提供依据，为图书馆系统运营、资源分配和用户服务过程的准确分析、预测和评估提供数据保障，从而提升图书馆管理和服务的效能。

图书馆通过利用大数据资源的信息分析和价值挖掘来提供精确服务[33][34]，一方面，可以准确掌握读者的阅读行为、阅读个性、阅读兴趣、阅读社会关系等信息，从而制定符合读者阅读兴趣、阅读需求的服务模式，实现有效的个性化推送服务、跟踪服务，并进行个性化服务有效性的评估和管理；另一方面，可以对读者群进行分群、分层的管理与分析，通过读者群资源、研究团队的阅读行为、阅读模式、阅读终端类型、阅读社会关系和位置信息等数据资源，利用数据挖掘、聚类分析和相关分析等技术，对用户进行精准的分群，并根据分析结果对用户群进行信息资源的精准推送服务，同时优化图书馆信息资源的配置，改变资源购买的决策模式。这种针对读者的差异化需求而开展的针对性服务，具有资源配置科学、服务针对性强等特点，是图书馆增强服务效能、提高读者满意度的有效途径。

5.2 高校图书馆大数据可用性面临的挑战与机遇

5.2.1 大数据发展的挑战

（一）大数据对高校图书馆存储能力的挑战

大数据对高校图书馆的数据存储和分析处理能力提出更高的要求与标准。大数据背景下高校图书馆信息服务的核心便是基于高新技术手段，拓展馆藏资源辐射、影响范畴，提升信息资源使用率，借助互联网技术强化图书馆之间信息交互与资源分享能力。然而，大数据时代所衍生出的信息迅速增长，松散与异构形式网络数据信息从诸多维度考验着高校图书馆在信息存储与信息处理方面的能力。

（二）专业化人才稀缺

当前我国高校图书馆在应用大数据时通常采用直接采购或与企业协同开发的方式，独立开发的大数据应用项目较少，其根本原因在于数字图书馆的大数据研发需要大量高素质人才的支持，但各行业普遍缺乏大数据高端人才，而高校图书馆与其他行业相比又缺乏足够的竞争力，加剧了高校图书馆人才稀缺的问题。此外，很多高校图书馆对大数据的发展趋势缺乏认知，不了解大数据的前沿发展动态，制约了其思维和视野的发展。在与企业合作进行大数据应用项目开发时，往往只是被动接受而没有根据自身需求进行应用项目建设，使得企业对大数据应用项目的开发参与力度不足，所开发出的应用项目通常难以完全满足高校图书馆的需求。

（三）互联网开放性对馆内信息安全带来挑战

大数据时代环境下，图书馆逐渐转向以数据驱动服务的研究与实践[35]，数据必然涉及隐私。现有的数字图书馆制度、技术对大数据环境下图书馆用户隐私不能有效保护，难以满足图书馆安全需求[36]。大数据环境下的信息资源普遍具备多元化与开放性特征，这些分散在各个节点的数据具有很强的开放性，图书馆难以对信息节点和信息执行全面、安全的审查机制，无法逐一对其进行跟踪保护，而且这些数据基本上都是非结构化数据且体量巨大，图书馆原有成熟的关系型数据库根本无法支持，致使数据库的用户访问控制和安全保护机制也无法在大数据管理中应用。另外，快速增长的数据在传统网络传输中，也极容易被黑客利用协议漏洞进行攻击，发生传输过程中的数据窃取。高校图书馆应采取行之有效的信息隐私安全保护举措，确保用户群体信息安全，然而在大数据不断发展进步的环境下，越发广泛与繁杂的信息安全问题的出现，对于数字图书馆所掌握的信息安全技术提出更深层次的挑战。

5.2.2 大数据发展的机遇

（一）大数据有助于提升图书馆资源建设水平

大数据、云计算等技术的兴起，为图书馆服务能力的提升提供了重要的推动作用。在大数据时代下，文本的数字化使得数字化资源越发呈现出海量、异构的特点，这些多元化的信息资源为图书馆的信息处理能力提出新的要求，亟需积极提升自身信息处理能力。比如大数据技术所具备的信息存储、分析和处理能力，能够有效分析出信息数据之间存在的联系，通过掌握规律来将问题定量化处理，能够有效提升高校图书馆的馆藏建设水平。如语义技术能够通过分析数据间的语义关系，利用文本间的语义关系提升用户获取知识的能力；数据聚类技术能够将具有某一属性或特征的数据进行聚拢，便于用户的资源检索；信息分析技术能够通过对文本信息的分析，为用户提供直观的数据分析结果；检索技术则能够通过海量文本信息的检索，在极短时间内找出用户所需的文本资源。利用大数据能够对传统的图书馆馆藏模式带来颠覆性的革新，有效提升高校图书馆的资源建设水平。

（二）大数据有助于推动图书馆转型升级

在云计算、人工智能等技术的发展进程中，大数据已经呈现出了全新的技术生态，信息的存储、处理、分析能力显著上升，对各领域的转型发展起到了重要的推动作用。如语音识别、文本分析等技术的发展，使得高校图书馆得以有效利用各种先进技术，调整现有的服务业态。高校图书馆以满足用户知识需求为主要目标，在大数据环境下，图书馆需要构建新的管理模式以实现用户与文本资源之间的直接对接，在扩大文本资源传播范围的同时，增强文本资源的知识服务能力，有效推动图书馆的突破性发展。因此，在大数据时代，图书馆应从以下几个方面实现转型升级：其一是打破资源框架。大数据时代，无论是数字图书馆存储的文本资源，还是用户所需求的信息资源都呈现出多元化的发展趋势，对图书馆的资源采集、分析、管理和服务能力提出了新的要求。图书馆必须利用大数据技术建立数据框架，将文本和图像信息纳入馆藏之中，通过分析信息之间的语义关系建立信息组织框架，从而突破传统图书馆的资源框架。其二则要提供全资源服务，为用户提供包括文献图像、视频音频、政策法规等多种形式的信息资源，以满足用户的多元需求。此外，图书馆需要调整自身的服务模式，通过信息推送、个性化服务等方式增强信息资源的辐射能力，全面开展数字图书馆业务。其三是发展高端业务，图书馆应以智库作为建设目标，与各学科的前沿领域相结合，发挥其信息分析的能力为各学科的科研工作提供资源支持。其四是调整馆员角色定位，图书馆馆员应对大数据有深刻理解，具有一定的数据分析能力，懂得大数据的应用方法，利用各类软件工具进行馆藏资源的分析整理工作，并加强文献数据库的建设，以发挥出大数据对数字图书馆的积极影响。

5.3 大数据对高校图书馆信息服务的影响

5.3.1 对图书馆信息咨询服务的影响

随着数字图书馆的广泛应用和发展，高校图书馆对数字资源愈加重视。基于物联网、移动技术的资源在线访问、下载，以及基于社交网络的信息服务和学科服务的开展，高校图书馆资源数据、业务数据、使用数据成倍增长，贡献了大量在线、实时数据，加速了图书馆各类数据的生成[37]。图书馆信息类型多，一般包含了结构化数据、半结构化数据和非结构化数据三种数据类型。结构化数据指的是图书馆各种类型的数字资源；半结构化数据是指图书馆博客、微博、留言簿、BBS、微信公众号等用户咨询借阅时产生的大量数据；非结构化数据是指用户在线咨询、浏览网页记录、搜索方式、行为痕迹、存储和下载信息行为时出现的各种视频和语音。同时，随着智能手机的普及，人们可以随时随地地从手机、电脑等设备中获取自己的个人信息、浏览信息等，这也能产生不同的数据，这所有的数据便组成了图书馆信息咨询服务的大数据。这些数据每一天都在不断的增加，随着数据爆炸式地增加，将给图书馆的信息咨询服务带来巨大的影响。

（一）数据存储

由于文件、图片、音频、视频等数据的不断增长，造成了知识库严重过载，因此对信息资源的有效管理便成为大数据时代主要解决的问题。对大数据的管理还存在许多的问题，首先，目前的信息咨询服存储很难解决大数据的性能共享问题，原因是因为大数据结构太复杂，其中包含了结构化数据、半结构化数据和非结构化数据三种数据类型，要想对这些数据进行存储和共享都非常困难。其次，由于数据量的快速增长，网络传输性能同样也会受到影响，采取怎样的措施来对文件进行管理和保护都是需要解决的问题。网络是一个开放的环境，信息安全随时都收到威胁，信息污染经常发生，因此对信息资源的保护是完成信息资源服务的基础。最后，长期积累下来的数据难免会存在很多重复的文件，它们所占的存储空间就造成了资源的浪费。因此大数据时代，图书馆首先要解决的就是数据存储问题。

（二）数据处理

随着云计算技术的兴起，读者阅读需求的转变，云计算、大数据、物联网和传感器网络等技术，已成为数字图书馆构建与用户服务保障的关键技术[38]，一些图书馆信息咨询服务中的数据存储和处理问题得到了解决。然而，大数据时代对数据的传输、存储、处理能力提出了很高的要求，通用技术已经无法满足大数据的处理。普通传感器网络已很难高速地传输海量数据，汤文亮等[39]通过采用负载均衡的协议，能够让传感器网络在异构环境下也达到较高且较稳定的数据包投递率。大数据的数据种类繁多，结构复杂，想要用传统的信息咨询系统进行分析和处理已经遇到了困难，只有不断提升信息咨询技术才能解决大数据的处理问题。目前常用的大数据处理技术有 Hadoop、MapReduce、NO-SQL、云计算、关系型数据库等，这些技术都是随着大数据时代的来临所出现的。图书馆在处理大量信息的时候就可以采用这些技术，为图书馆信息服务做技术支撑。

（三）信息安全

大数据本身就是数据，只要是数据就存在一定的安全问题。在网络开放、各种信息资源共享的今天，可能会出现信息安全问题。例如，图书管理员和用户在分享和交互知识时，可能不注意网络环境是否安全，容易造成信息泄露，对个人信息安全造成威胁。现在的数据信息安全和过去的信息安全问题有很大的区别，人们既想得到数据的开放，又想更大限度的保护自己的隐私，这使得在大数据时代必须让二者相互保护和平衡，共同发展。

为了有效应对敏感数据未来面临的安全威胁，图书馆必须以读者需求和自身服务能力提升为中心，在将最前沿的安全防护技术运用到敏感数据保护的同时，还应依据国家相关法律制定相应的敏感数据安全管理行业规定，并培养高素质的图书馆大数据安全管理和分析、决策人才，才能确保敏感数据安全、高效、可控和可用，才能为图书馆提供可靠的大数据决策支持[40]。

综上所述，图书馆为了适应大数据发展，对图书馆信息资源应该有一个调整，从大数据的采集、存储、处理和应用方面来构建的大数据架构（如图 5.1），从而更好的解决信息咨询服务中的数据存储、数据处理和信息安全问题，为信息咨询服务打下了坚实的基础。

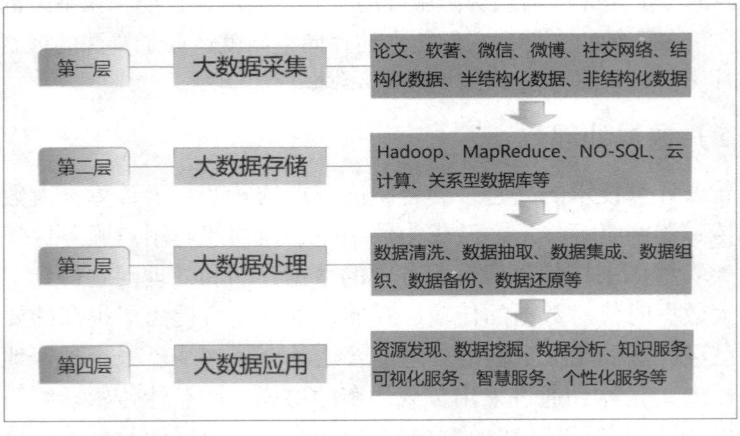

图 5.1　大数据时代图书馆数据架构图

5.3.2 对图书馆信息服务环境的影响

高校图书馆工作是一个日积月累的过程。经过多年的资源建设、业务管理、信息服务，每个高校图书馆都拥有大量的馆藏资源数据、业务运行数据、用户信息数据、用户行为数据、资源使用数据、系统日志数据、科研数据、管理数据等。这些数据量庞大繁琐，需要进行统一的管理[41]。

在大数据的背景下，传统图书馆的信息服务设施已经相对落后了，也无法满足大数据的数据处理。随着大数据时代的来临，各种不同类型的数据正在向图书馆的服务设施和工具发起挑战。一般的文献资源用数据库就能完成操作，但是面对结构化、半结构化和非结构化数据的时候，数据库就无法完成操作了，图书馆只能引进新的操作技术才能完成大数据的处理。目前大数据的处理工具有 MapReduce，它是当前最流行和普遍研究的大量数据处理方法；Hadoop，它凭借开源性和易用性成为大数据环境下数据处理的首选技术；NOSQL 数据库，NOSQL 是 NotOnlySQL 的简称，它没有固定数据模式并且可以水平扩展，是一种灵活性好的非关系型数据库。有了这些技术才能更好的处理大数据，为广大读者提供一个方便快捷的信息服务环境。

5.3.3 对图书馆信息服务模式的影响

（一）建立交互式共享平台

受到一些社交网站的影响，图书馆也慢慢开始建立网络互动平台，通过开设网络互动平台，可以吸引更多的用户，为他们提供畅所欲言的场所。图书馆开设互助吧、论坛、社区栏目等等交互式共享平台，用户可以通过它来实现图书管理员和用户、用户和用户之间的实时交流。有了这些交流平台，图书馆可以大力地提升图书馆信息咨询服务，利用集体的智慧来充实自己，从中获取到更多有价值的信息。同时图书馆还可以利用这个平台进行资源整合，用户不仅能够检索下载资源，也可以将自己的一些研究上传到论坛供大家参考，这样就可以拓宽学术领域，为大多数科研人员发挥有效的能动性，为图书馆增添更多的信息资源。当然，用户上传的信息参差不齐，图书馆应该发挥组织和筛选能力，去粗取精，去伪存真，最终得到可利用的资源。

（二）信息资源组织的转变

所谓信息组织，是指信息工作者利用信息技术收集、处理、存储、分析和应用数据，形成可用系统的过程。由于大数据的数据结构复杂，种类繁多，其中包括结构化数据、半结构化数据和非结构化数据，对这些数据进行处理存在一定的难度，传统的数据处理方式无法满足大数据时代的要求，只能采取更加个性化的方式来处理这些数据。如图 5.2 所示，表示的是大数据时代图书馆信息资源组织流程图，通过对数据源的处理，使得大数据呈现出一些规律，方便人们的使用。

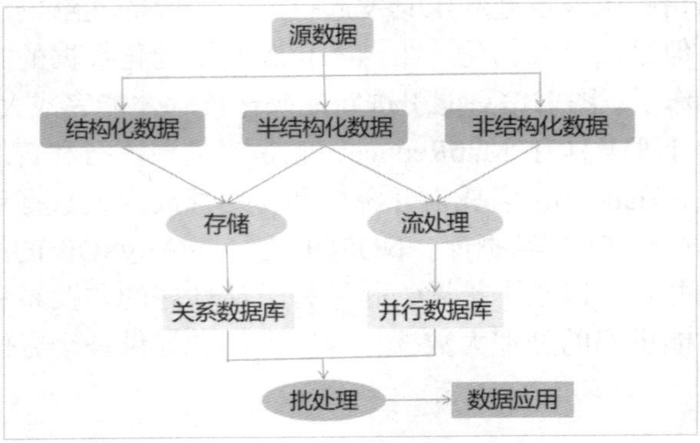

图 5.2　大数据时代图书馆信息资源组织流程图

5.3.4 对图书馆信息服务方式的影响

随着移动互联网的发展，传统的信息服务方式已经很难满足用户的需求，图书馆应找寻新的突破口来提升自己的信息服务能力。首先，图书馆应该提升文字、图片、音频、视频等文件的收集能力，并对其进行加工，以丰富自己的馆藏资源。其次，图书馆应该提升对互联网上的信息资源的整合能力，以丰富自己的数字化信息载体，完善图书馆的各项服务。同时图书馆应该通过互联网为用户提供个性化服务，目前用的最多的就是信息定位服务，例如微信上有一个定位功能，只要启用这个功能就可以知道你所在的位置以及周边的美食和景点，为我们的出行带来了方便，这就是大数据时代信息发展的结果。图书馆同样可以通过手机客户端为用户实时推送最新新闻动态，让用户及时的了解图书馆信息，为我们的信息查询和跟踪带来了方便。

5.4 大数据时代高校图书馆信息服务模式

5.4.1 传统图书馆信息服务存在的问题

（一）内容与观念陈旧，服务方式比较单一

传统图书馆的建设模式在管理体制和运作机制上较为被动，缺乏动态的激励机制和竞争机制，馆员信息服务的积极性还没有完全调动出来，工作中在一定程度上还存在“重藏轻用”的传统管理保守思想[42]。对于高校图书馆的信息服务，应该具有这样一个认识：高校图书馆的信息服务，不仅是向高校师生提供的，同样也是面向社会用户的。在一些经济发达的国家中，很多的高校图书馆同时也会对社会公众提供信息服务。例如，芬兰是世界上拥有图书馆密度最大的国家之一，也是图书馆利用率最高的国家，芬兰赫尔辛基大学图书馆也被称为芬兰国家图书馆，其打破了高校图书馆与公共图书馆的壁垒，来自不同阶层、不同职业、不同年龄、不同爱好的人们都可以来图书馆寻求帮助；美国高校图书馆通常被称为大学里的公共图书馆，俄亥俄州大学图书馆，学校没有围墙，不管是谁，都可以自带书包进入图书馆看书、复印。该馆在正门外侧设立了还书箱，读者可以24小时自助还书等。但是，同国外类似，我国很多高校图书馆的主要工作职责也由传统的购书、借书和还书向更高层次的高质量服务转变，诸如编制二次文献、代查代译、读者参考咨询等高层次个性化的情报信息服务工作已提上日程，但还有部分图书馆尚未全面展开相关个性化精确服务，这就在一定程度上影响了图书馆的服务质量与水平。

（二）管理体制落后，观念僵化，缺乏市场意识

目前，部分高校图书馆仍以传统图书馆作为图书馆建设模式，未能改变“重存轻用”的传统管理理念，与科学管理中的全面质量管理和效益管理严重脱节。此外，图书馆工作人员的管理主要是基于静态的管理体制，缺乏动态的激励机制和竞争机制。此外，由于高校运行机制和资金来源的不同，“走自己的路”现象仍然存在，高校图书馆的低层次冗余建设现象，导致资源共享难以真正实现。

面临信息服务企业的冲击，在市场经济激烈竞争的驱动下，我国的信

息服务业发展迅速，这些拥有先进设施与高素质工作人员的信息服务企业给高校图书馆带来了巨大压力。

（三）信息资源开发不足

信息资源开发不足，致使信息服务没有大量走向社会。信息作为经济的三大资源之一，可以为社会经济、科技、教育等带来巨大的经济效益和社会效益，科学技术的进步和社会经济的发展速度越来越取决于对信息资源的开发与利用程度，信息资源的开发与利用已经成为促进社会经济繁荣的主要动力。图书馆有很多很好的文献资料与信息资源，由于信息资源结构不合理，用于产业服务及社会化服务方面的信息资源不足，亟待开发；信息服务业结构也不适应信息产品的开发，特别是新型电子信息产品，包含信息处理的多媒体系列产品及网上信息资源的二次开发利用，进而减少资源的浪费。信息服务没有大量走向社会是导致资源短缺与闲置并存的一个主要原因。

（四）高校图书馆的服务缺少针对性

图书馆的个性化信息服务是针对网络信息服务新模式的一项探索，也是未来图书馆发展信息服务的重要方向，同时也是高校图书馆为用户提供纵向发展服务的重要内容[43]。在校师生是高校图书馆的主要服务对象。由于受到教师所教、学生所学课程的研究任务和教学进度的不断变化等一系列因素影响，图书馆的个性化信息服务要想获得更好的效益，就必须针对用户不断变化的信息需求及时做出调整，完善相应的服务策略。但是由于受到频繁沟通与时间的限制等各种因素制约，在高校图书馆的日常信息服务中，在校师生都没有办法向图书馆馆员及时反映自己对信息需求的变化，导致高校图书馆馆员不能及时地得知师生已经变化了的信息需求，进而直接导致高校图书馆所提供的信息服务和师生需求之间存在一定差距，造成供需不平衡、个性化服务不强的状况。

（五）在传统数据环境下无法真正得到用户真实的信息需求

在传统的数据环境下，高校图书馆的个性化服务模式在对用户信息需求进行获取时一般会采取访谈或问卷调查的方式[44]，但是这些传统的调查方式对于信息需求的获取方式存在一定的缺陷，如在设计问卷调查表时考虑不周全、访谈时用户有些时候对自己的需求表达不清楚及担心自己的隐私会因此泄露等各种因素，这就使得高校图书馆在对用户需求的获取方面存在一定误差，如果在不真实的信息需求上开展个性化的信息服务必然会很难获得预期的效果。

5.4.2 大数据时代高校图书馆信息服务模式探索的重要性

（一）知识服务在信息服务模式中的应用现状

随着社会的不断进步和发展，信息化、数字化对人们来说已经不再陌生，知识资源在这个时代扮演着越来越重要的角色。在大数据时代，构建以知识服务为导向的信息服务模式，帮助用户正确地吸收和利用知识[45][46]。可以在很大程度上发挥知识资源的作用，提高馆藏信息的利用率，进而促进高校图书馆的长期健康发展。所以，探索大数据时代下的信息服务模式的创新发展是非常有必要的。

（二）以知识服务构建信息服务模式是我国社会文化发展的基础需求

知识和信息是文化的最终源泉。只有在信息服务工作中始终把知识服务作为基本工作原则，才能深入发掘知识的内在价值，不断拓宽知识的应用范围，提高知识的利用率，促进我国文化事业的繁荣发展。所以，高校图书馆作为文化知识阵地上的重要环节，在大数据环境下进一步优化信息服务模式是十分必要的。

5.4.3 大数据时代高校图书馆信息服务模式的发展要求

（一）大数据时代信息服务模式的服务标准

发展以知识服务为基本导向的信息服务标准有以下两个优势：一是更加重视以人为本，在高校图书馆信息服务工作中，应该充分利用大数据技术，不断提升知识资源的检索、分析、利用及总结效率，为读者提供更加人性化的信息服务。二是更丰富的知识资源，高校图书馆信息服务应当具备更为广博的知识资源，并以此为中心，展开多项高校图书馆信息管理业务，从整体上提高高校图书馆信息服务水平。

（二）大数据时代信息服务模式的维护标准

发展以知识资源为中心的信息维护标准也具有两点优势：一是更加重视隐性知识产权的保护，作为知识资源的重要组成部分，隐性知识产权常常会被人们忽略，在大数据环境下，高校图书馆的信息维护工作更加倾向从细节入手，填补信息维护工作的各种漏洞。二是信息安全技术越来越可靠，对知识资源的保护力度越来越强，随着信息技术的不断发展，信息安全加密技术已经越来越成熟，不同权限的设置，更是在知识资源的保护工作中设置种种信息关卡，进而提升信息的保密程度。

5.4.4 大数据环境下高校图书馆信息服务模式

（一）一站式云服务平台

一站式云服务平台就是通过大数据、云计算及移动互联等技术，把图书馆的所有信息资源与信息服务进行集成和整合，信息用户只需在图书馆的云服务平台中进行一次检索就可以得到全方位、高效率、多类型的一站式资源服务，以最快的响应和最准确的解决方案实现对信息用户最满意的服务。通过一站式云服务平台，一方面，图书馆能够利用云存储解决馆藏资源的不断积累带来的存储问题，实现馆际互借与馆藏资源的信息共享，节省图书馆的人力、物力、财力等成本；另一方面，一站式云服务平台把图书馆的各种信息资源进行集成与整合，使用户在进行信息检索时，得到的检索结果不再是对信息需求单一的回答，而是紧密贴合信息用户的需求而给出的一整套的信息解决方案。

（二）基于大数据的个性化服务

数字图书馆将传统图书馆的资源进行数字化，通过采用个人图书馆平台提供简单的信息推送服务，整合图书馆所能提供的服务类型。而在大数据环境中，一方面，图书馆的信息服务形式不再只是简单地对每个信息用户推送同一个消息，而是通过大数据、移动互联等技术，通过学科博客、RSS 订阅、微信微博等社交工具对信息用户信息行为的数据进行挖掘与分析；另一方面，通过对用户信息需求的深入挖掘，做到充分了解信息用户的个性化特征，而且可以预测其潜在的需求，以达到更精准、更及时、更加个性化的信息服务。

（三）集成服务

互联网、大数据技术的不断发展，使得信息服务和资源建设更快地向开放、互助、资源共享的方向发展，开展集成服务有利于图书馆根据用户的信息需求，借助网络信息技术与信息服务联盟，在各高校图书馆与文献保障系统之间对文献信息资源进行统筹规划，使可获取利用的信息资源可以最大限度地覆盖学校的各个学科专业，并且能够重点保障学校重点学科、博士点学科的信息资源需求，以实现馆藏信息资源的“投入产出比”最优。

（四）知识服务

大数据知识服务是一种基于网络（包括电信网、广播电视网、互联网、移动互联网等）的智能化、泛在化发展趋势而衍生出来的，用以解决结构化、半结构化及非结构化数据多维度处理的现代信息服务新模式，是嵌入式协作化知识服务模式的一种新发展。大数据知识服务模式比较注重读者的参与，强调知识、能力、资源、过程以服务的形式进行有机融合，并基于网络自由流通，以实现大数据知识服务体系中的知识动态协调建构、能力智慧管理、资源按需使用、过程智能控制，满足读者急剧扩张的知识服务需求。

（五）智慧化服务

智慧主要指的是对事物可以迅速、灵活、正确地理解与处理的能力。图书馆智慧化服务是指通过大数据相关技术，进行快速、自动地对复杂动态数据的收集与处理，分析判断用户的信息需求趋势，了解读者的需求动态，研究需求规律，把用户潜在的信息需求转化为现实的信息需求，将隐性的知识显化，使信息的价值得以真正实现。并从管理和运营系统全局层面，确保管理决策、资源分配、硬件与软件建设、技术选择的科学性，确保信息服务的高效、灵活。

5.5　大数据下高校图书馆信息服务创新

在纷繁复杂的信息环境下，大数据技术为数字图书馆拓展个性化信息服务提供了支撑。高校图书馆要想更好地为教学科研服务，充分发挥各项职能，必须适应信息技术发展潮流，积极引进大数据技术，构建更加完善的信息服务模式，促进信息服务工作的深化发展[47]。

5.5.1 强化数字图书馆建设，创新信息服务意识

随着现代互联网技术和信息存储技术的不断进步和发展，数字图书馆应运而生，成为一个全新的数字概念。它主要包括图书资源的收集、图书

资源的检索和图书馆管理的数字化等，是一个内在联系的有机整体。随着读者阅读习惯和电子阅读设备的发展，数字图书馆建设已成为高校图书馆建设的重要路径。

利用现有的条件和技术构建大数据时代高校图书馆的应对模式和创新举措，有助于高效利用大数据技术驱动图书馆提升服务能力，引领高校图书馆实现由数据到知识的转化、由知识到发展的跨越，为推动学校一流学科发展、建设高水平研究型大学保驾护航[48]。

强化数字图书馆建设，一方面能够极大地提升高校图书馆信息资源的存储数量，与此同时，通过网络借阅等具体环节，能够全面准确地收集读者信息，在信息推送等方面、进一步实现精准化、突出针对性，是践行“大数据思维”的重要表现。强化高校图书馆的信息服务水平，建设数字图书馆，还能够尝试向社会人士开放数字图书馆，让更多的人得以利用高校图书馆丰富的信息资源。

5.5.2 创新服务理念，从根本上践行“以人为本”的服务理念

理念决定实践，图书馆作为信息服务机构，可通过树立基于大数据的信息服务理念、构建联合信息服务模式、建立多方协作的图书馆资源体系、加强人才队伍建设、加强用户教育、发散现有服务模式和拓展高校图书馆信息服务范畴等方式，促进高校图书馆信息服务的转型发展[49]。当今社会中，信息生产成本比较低、信息生产方式呈现多样化、信息增长速度也非常迅猛，为时代提供信息知识储备和信息服务的高校图书馆带来了巨大的冲击和挑战。传统的依靠图书管理员的知识水平与经验来为读者提供借阅、资讯等服务的方式，显然已经不能够满足今天读者的个性化需求。所以，高校图书馆不但需要转变其服务方式，其服务理念也应该进行相应转变，切实践行“以人为本”的理念，主动了解读者的需求，并根据读者的需求，积极开拓、深入探索，找出解决问题的多种渠道，更好地满足不同用户的多种需求。不仅如此，高校图书馆还需要具有比较超前的服务意识，要能够根据读者的兴趣、喜好及以往的问题，准确分析出用户之后可能会面临的问题或是对信息的新需求，进而提前准备好解决这些问题的信息源。

5.5.3 基于学校学科建设，拓展信息服务渠道

高校如果想要提高自身的竞争力，获得更加广阔的发展前景，必须要加强学科建设，学科建设离不开高度配套的知识信息资源，以及专业高效

的知识及智力服务，而高校图书馆所提供的学科服务在学科建设中具有无可替代的作用[50]。作为高校信息存储与服务中心的图书馆，必定要把自身的发展与教学、科研联系起来，并投入到学科建设中去。

（1）应该创建学科馆员制度，密切图书馆与各院系之间的联系，准确了解各院系教师及科研工作者在教学、研究等方面的需求，提供有针对性的个性化信息服务。

（2）图书馆馆员应该对本高校的重点学科建设有足够的了解，要能够建立以重点学科为专题的信息导航，搜索、查询互联网上关于重点学科建设的有价值的信息，并进行归纳和整理，把最精华的网络资料呈现给用户，进而帮助有需要的学生、教师、科研工作者准确获得最新的权威机构、出版社、专家学者、学术信息的动态。

（3）应该创建相应的学科信息服务相关平台，并全面搜集最新的学科动态、学科专家观点与评估及学科期刊的投稿与刊登等信息，建立资源共建共享、在线交流、RSS 信息制定等服务。

5.5.4 大数据驱动下高校图书馆的可视化服务模式

虽然大数据技术在近些年才开始兴起并得以发展，但实际上，数据挖掘技术在多年以前就已经诉诸应用领域研究之中了。一些高校都参与了相关的科研项目，并在高校的图书馆尝试运行。高校图书馆在运行的过程中，基础数据通过程序加工处理以后，就会形成文档形式或报告形式。但是，如果这种数据信息以图像的形式呈现出来，不但能够满足读者所需要的信息，还会使信息传递的速度变得更加快捷。这种可视化的信息传输模式为读者提供数据服务，实现了多种非结构化数据的融合，使得数据信息经过归纳、分析及处理之后，变得更加鲜明[51]。特别是动态化的可视信息，可以给读者以非常强的视觉冲击力，不仅能够使大量的数据在有限的时间中得以有效传输，还会使读者在既有的时间内获取更多的有效信息，并且能够在可视画面上按照自己的需求对信息进行快速选择。

通常商业信息的传递会采取上述的信息传递方式，其主要目的是提升用户对信息的吸引力，以对商品产生较大的兴趣。高校图书馆在大数据技术的驱动下采取较为雷同的运行模式，能够使得传统的需要阅读的信息通过观看就可以获得。虽然与商业的可视化信息相比较，图书馆的可视化服务还需要进一步完善，但是其已经逐渐地发挥作用：例如，在厦门大学、上海交通大学及华东师范大学等高校都建立有图书馆 OPAL 检索平台。早期这个平台的运行是非常简单的，所显示的也只是图书的书架以及所推荐的图书等。随着大数据技术的应用，OPAL 检索平台所发挥的功能越来越多，不仅可以向读者提供知识服务，还使用户能够进行可视化查询，图书馆的服务因此不断地实现创新。

5.5.5 建立微信公众平台，加强与用户的沟通与联系

在新媒体环境下，图书馆的服务边界不断拓展、服务广度不断延伸，从对传统服务的宣传拓展到新型知识服务传播，如利用微信宣传、推送图书馆的服务与资源，提高服务质量，拓展服务空间[52]。腾讯公司推出的微信平台，使人们能够在各种智能手机操作系统上进行文字、语音、图片及视频等信息传播，而且可以提供多人聊天等功能，迅速得到青年人的热烈追捧。微信公众平台带来了沟通方式上的变革，方便快捷的信息传递方式越来越被广大用户所接受。为了拓展与用户的沟通渠道，优化信息呈现，提升用户的服务体验，高校图书馆通常选择建立相关的微信公众号，利用微信宣传、推送图书馆的服务与资源，提高服务质量，拓展服务空间。不断将自己的贴心服务、前沿图书和优质电子资源传递给用户，从而缩短图书馆与用户之间的距离。高校图书馆利用微信公共平台可以提供以下服务：

（1）定期制作并发布“微报”，及时宣传和推送自己的服务与资源。

（2）提供在线信息咨询服务，及时有效地帮助用户解决各种问题并获得信息资源。

（3）利用微信“群聊”功能构建学习互助空间，帮助用户搜索具有共同研究背景或交叉学科背景的其他用户，共同探讨问题，共享信息资源。

第 6 章 大数据时代图书馆数字资源的融合

6.1 图书馆数字资源概述

随着网络技术和信息技术的不断发展，信息对社会发展起到了越来越大的作用。高校图书馆信息服务已不仅局限于传统的纸质资源为重点的服务范畴，数字资源凭借网络环境的优势，数量不断增加、规模不断扩大，为用户提供多样化的资源和全面、方便、快捷的服务，越来越受到学校和用户的关注。图书馆作为提供信息服务的重要机构，数字资源的建设逐渐成为其重要工作之一。本节主要对图书馆数字资源进行阐述。

6.1.1 数字资源定义

数字资源的名称众多，常见的有数字化资源、数字式资源、电子资源、数字资源、数字型资源、数字信息资源、网络资源和虚拟资源等，目前被学术界大范围使用的是电子资源以及数字资源。

（一）国外的定义

“数字资源”一词随着数字化的产生便开始被学术界关注和使用，其正式使用时间略晚于电子资源，起源于计算机领域。1980 年，D.Thompson 等在“Dynamic Network For Digital Resource Allocation”一文中正式使用“Digital Resource”一词，从技术角度描述了数字资源在动态网络交互环境下的产生与形成[53]。1999 年，由国际图联（IFLA）颁布的电子资源国际标准编目描述到：[ISBD(ER)]对电子资源（数字资源）进行了更为详细的叙述，即“电子资源是计算机上使用的资料，包括需要利用计算机外围设备使用的资料（如 CD-ROM 驱动器），用于互动模式或非互动模式。包含的有两类资源：数据（数字表格中的信息、文字、图表、图像、音像，或混合内容）和程序（指令或数据的处理程序），此外，还包含电子数据与程序的结合（如在线服务、多媒体）”。

美国国家信息标准化组织则认为：数字资源是通过组织和选择结合在

一起的，并附有元数据管理和描述，这样可以方便人们使用和访问数字对象集。

（二）国内的定义

2007年，教育部高校图工委为了规范全国高校图书馆的数字资源计量、统计工作，在《高等学校图书馆数字资源计量指南》（2004年）的基础上，经修订，提出《高等学校图书馆数字资源计量指南》（2007年），其中明文说明：凡图书馆引进（含购买、租用和受赠）或自建（包括扫描、转换和录入）的，拥有磁、光介质或网络使用权的数字形态的文献资源，为图书馆的数字资源。

索传军认为，数字资源或电子资源是指将信息以数字形式进行传播，并通过计算机或类似设备阅读的产品[54]。

盛小平认为，数字馆藏（数字资源）是经过选择和组织起来的附有元数据描述和一个以上访问界面的数字对象集[55]。

柴俊红、王守宁在其论文《数字资源建设浅论》中认为，数字资源是以数字形式存储在光、磁载体上的文字、图像、声频、视频等有序的、可利用的信息，用户可通过计算机局域网或Internet进行本地或远程读取、使用，如电子邮件、电子期刊、电子图书、电子布告板新闻等[56]。

6.1.2 数字资源的特点

相对传统的信息资源而言，数字资源的特点非常多，主要有：

（一）高密度存储

数字资源是存储在磁带、磁盘、光盘等介质上的信息资源，随着介质制造技术的突破，介质所存储的信息密度越来越高，而介质所占的体积却越来越小。现在的介质存储密度，不是纸张印刷文字替代竹简刻写文字那样可比的，后者节省的体积是固定而有限的数字资源所用的介质存储的图文信息替代纸张所节省的体积不是固定的，是逐年改变而且几近无限的。

不难想象，现在人们所用的U盘，不久的将来就能装载全球所有已出版的书报刊的内容，甚至全球所有已播放的电视和电影等。

（二）多媒体

这与传统的文献（包括印刷型和非印刷型）是大不相同的。数字资源的内容表现方式多姿多彩，如图表、文字等静态信息，集文字和声音于一体的动态信息等。内容表现形式的丰富，必然会提高内容的传播效果。

（三）高度共享

数字资源的数据结构兼具开放性、标准化、通用性三个特点，通过网络环境，其能被多人访问，是一种典型的共享型信息资源网络环境更利于数字资源的利用与传播，相对来说，传统的信息资源共享起来没有数字资源方便。

（四）高速传输

数字资源具有传输实时性，在网络环境下的流动非常敏捷。无论什么样的数字资源，只要被曝光在网络上，在很短的时间内就将被传播往世界的任何一个角落。比如任何突发事件，人们都可以通过微博或其他平台，第一时间获取相关信息资料。

（五）海量

数字资源的信息众多，只能用海量来形容，这一方面是指信息的提供者众多，另一方面是指信息种类众多，无所不包。究其原因，主要是缘于网络的开放性，信息传播起来也较开放，而且存储无限制。

数字资源所提供的信息，已经不是传统信息所能比拟的。传统印刷型文献，比如百科全书，其所承载的信息，受词条总数的限制，有些内容只能割舍。而且词条与词条间，信息都要统一考虑，难免某些想要的信息会非常简短。数字资源的词条和内容都是开放性的，没有限制，从这点来说网上的百科彻底打败了传统的印刷型百科。

（六）不受时空限制

数字资源不受到时间和空间上的限制，它能够跨越时间和地域上任意传播。任何时候，任何地点，只要有计算机，能上网，就可以获取数字资源。当然，数字资源分免费的和有偿的，有的还是会员制的，有偿的资源需要经济能力，会员制的资源需要资格。相对来说，传统的印刷型和非印刷型资源，都受收藏地点和收藏场馆开放时间的限制。

6.1.3 数字资源的类型

数字资源的类型如图 6.1 所示：

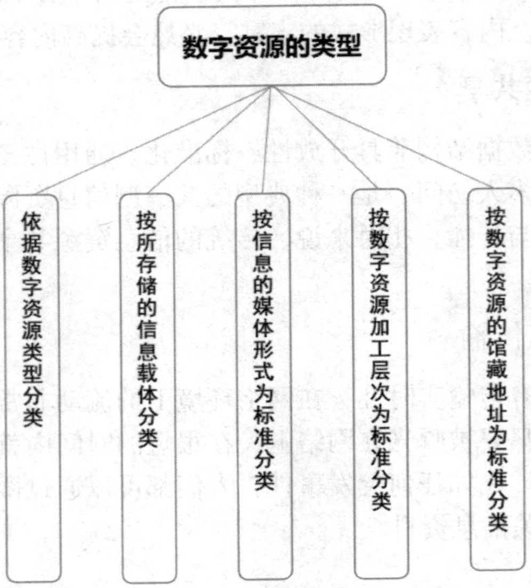

图 6.1　数字资源的类型

（一）依据数字资源类型分类

按照数字资源类型分类，高校馆数字资源可以分为数据库、电子期刊、电子图书、电子报纸等。

1．数据库

数据库可以按照文献型数据库和非文献型数据库分类。文献型数据库主要是由全文型数据库与书目型数据库构成的。其中书目型数据库又可以分类为：索引类数据库、题录类数据库、文献类数据库。例如，世界各国标准索引（WWP）为索引类数据库，科学引文索引、电子版全国报刊索引为题录类数据库，电子版经济学文摘（Econ Lit）为文摘类数据库。

全文型数据库提供原始文献数据，检索功能和浏览功能，成为最具吸引力的数字资源。但是，书目型数据库等二次文献型数据库的发展较为迅速，收录范围覆盖面广泛，有一批专业的人员进行文献加工标引，保证有较高的文献查全率和查准率，也受到广大读者的青睐。随着数字资源技术相关规范标准的制定与完善，数字资源出版商之间的合作联盟，使得很多书目型数据库提供从文摘索引到全文的无缝链接功能。

非文献型数据库可以分为数值型、事实型、术语型、图像型、指南型、多媒体型等类型的数据库。其中，数值型数据库，主要由数据组成，如科学实验数据、科学测量数据、统计数据等。事实型数据库，主要收录事物、人物和机构等情况、现象、过程之类的事实性数据，如 Business&Industry 等数据库、中国企业公司及产品数据库。

2. 电子期刊

电子期刊包含了两种类型，一类是网络版电子期刊，另一类则是印刷型期刊的电子版，且多为远程网络版。国外的电子期刊库中较大型的、有影响力的有 Elsevier Science 电子期刊库、EBSCO 电子期刊库、ProQuest 电子期刊等，在国内拥有一定影响力的电子期刊库有清华同方的中国知网、万方数据库等。这些数据库已经发展成为各个高校图书馆数字资源的重点采购对象。

3. 电子图书

电子图书也是高校图书馆重点引进的数字资源之一，其内容和印刷型的图书馆内容一致。但是电子图书较 Efl 刷型纸质图书的优势在于它提供检索功能。读者可以按照自己的需求和爱好进行检索、查询、复制，并迅速找到所需内容。随着多媒体技术的发展，多媒体光盘电子图书也应运而生。但是，目前发展较为迅速的、使用频率较高的是网络版电子图书以及电子图书数据库。

在国内拥有一定影响力的电子图书数据库如“书生之家”电子图书、超星中文电子图书、方正电子图书等，从中可以查询到成千上万种中文图书。

4. 电子报纸

电子报纸的定义为：先把报纸上的内容进行数字化，再通过互联网或者光盘发行进行大范围传递的全文报纸。电子报纸的全文数据库的出现晚于电子图书、电子期刊等数据库，但是目前也在迅速发展的过程中。目前，国内外的电子报纸数据库主要有人大复印报刊资料全文库、EBSCO Newspaper Source、Pro Quest Newspapers、中国重要报纸全文库等。由于电子报纸数据库不仅提供检索查询某一相关主题下的所有收录的报刊内容，而且相对于传统的报纸，电子报纸数据库更便于管理和存储。所以，电子报纸数据库目前也是各大高校馆订购的对象之一。

（二）按所储存的信息载体分类

光盘、磁盘、硬盘为目前数字化信息的重要载体，所以，依据不同的所储存的信息载体，数字化信息可以划分为磁盘型信息资源、光盘型信息资源、网络型信息资源这三种。

1．磁盘型信息资源

在电子化的初期，磁盘是数字信息最原始、最主要的载体。许多参考书出版社在出版书籍或参考书的同时也出版了数字版、磁盘版。

例如，在 20 世纪 60 年代初，美国化学文摘社（American Chemical Abstracts Service）利用计算机技术改进了化学文摘（CA）的印刷版，并出版了磁带版的化学文摘。

2．光盘型信息资源

光盘是一种高密度存储介质，它使用激光记录和再现信息。1966 年，首次提出了在光盘上存储信息的概念。1985 年，世界上第一个商业化的 CD-ROM 数据库 Biblio File 启动。光盘技术开始迅速发展，以其容量大，体积小，重量轻，价格低，同时存储声音、图像和文本，携带和邮寄方便等优点，彻底改变了信息处理、传播、检索等方式。例如，74 卷的《中国百科全书》内容丰富，能存储在 4 张 CD 上，有图片和文本，检索和携带都非常方便。

3．网络型信息资源

从 20 世纪 60 年代到 70 年代，世界发达国家和地区相继建立了计算机在线信息服务系统，如美国的 Dialog、欧洲共同体的 ESA、德国的 STN 系统等，为世界各地的在线用户提供了丰富的数字信息资源。但长期以来，其成本昂贵，让许多用户望而却步。20 世纪 90 年代以来，随着互联网的飞速发展，网络资源开始变的极其丰富，价格相对低廉，免费资源众多，这使得人们越来越多地从网络中检索和获取信息，并通过网络共享全球信息资源。

（三）按信息的媒体形式为标准分类

1．文本数字资源

文本是计算机表示文本、符号和其他信息的最基本的数据类型。由于使用了计算机编码技术，存储空间变得更小，并且可以在数据库中形成字段，这些字段可以被索引、搜索和分类。因此，普通文本信息资源在数字信息资源中的地位变的犹为突出，成为传输复杂信息最常用和最准确的方法。它在表达抽象信息方面具有明显的优势。文本信息资源有很多来源，有些是在线使用时创建的，有些可能是从印刷或其他媒体转换而来，有些可能是电影或电视声音的数字化。此外，文本数据还可以作为元数据来描述其他材料，因为文本一直是人机交互的重要方式。

2．图像数字资源

图像资源在数字信息资源中占有重要地位。图像数字资源是指利用图像扫描和处理、文本和图像识别以及各种再处理技术对数字初始信息进行转换，将大量现有的信息资料（如文件、图片等）转化为数字资源以不同的形式和不同的载体转化成可以由计算机处理的数字信息。图形和图像是重要的信息资源。图片能够生动、形象、直观地表达大量信息，具有文字和声音无法比拟的优势。因此，在数字图书馆应用系统中，图形图像的灵活使用可以提供丰富多彩的图片和良好的人机交互界面。

3．音频数字资源

音频数字资源由数字声音信息组成，包括经过数字处理的音乐、声音、自然声音等具有保存和使用价值的声音资源。在多媒体时代，声音确实能更好地表达思想和情感。当一个应用系统伴随着相应的背景音乐或特殊场景，再加上音响效果，可以使多媒体应用系统更加丰富生动。音频数字资源主要通过音频 CD、CD 和网络传输，主要由计算机及其相关外围设备播放。它的主要信息来源是音频信息，如磁带、广播、电影和电视。其主要服务模式和功能包括网络音乐、新闻广播、远程教学和图书馆。

4．视频数字资源

视频数字资源是以视频光盘（VCD、DVD 等）和网络为主要传输方式，以计算机及其相关外围设备为主要播放手段的视频信息资源。它的主要信息源是动态图像信息，如电影、电视、视频和动画。其主要服务模式和功能包括视频点播、新闻点播、远程教学和数字图书馆。随着多媒体技术的迅速发展和普及，数字视频资源在信息资源中所占的比重越来越大，在图书馆数字馆藏建设中越来越受到重视。与语音和文本信息相比，视频信息直观、信息量大，几乎可以直接理解。电影、电视等视频媒体的迅速发展，不仅为数字视频提供了丰富、持久的信息源，而且对数字视频的保存、管理和应用提出了更高的要求。

（四）按数字资源加工层次为标准分类

它可以分为初级文献、二级文献和三级文献资源。初级文献是原始文献，是指反映最原始的思想、成果、过程并对其进行分析、综合和总结的信息资源，如事实数据库、电子期刊、电子书、发布原始文献的学术网站；二级文献是指对一级文献进行处理和整理，便于利用一级文献的信息资源，如参考数据库、网络资源、学科导航、搜索引擎、分类指南等；三级文献是指对二级文献进行综合分析、处理和整理的信息资源。

（五）按数字资源的馆藏地址为标准分类

1．现实馆藏

现实馆藏从地理上讲，它是图书馆的本地收藏。它是图书馆自身收集、收集和整理的数字资源的一部分。它存储在图书馆的服务器中，所有权属于图书馆，包括图书馆构建或购买并安装在本地服务器上的各种类型的数据库，图书馆有权对其进行使用、支配、更新和修改。

2．虚拟馆藏

虚拟馆藏指在图书馆外通过计算机系统和通信设备在互联网上共享的信息资源，就是在互联网上获得的仅具有使用权的数字资源，包括通过购买或租赁远程数据库和本地服务器连接的网络信息资源。对于图书馆来说，只要有一台计算机连接到网络上，网络上的所有信息资源都可能成为图书馆的馆藏资源。因此，从理论上讲，图书馆的虚拟馆藏数量是非常巨大的。除了图书馆的现实馆藏外，互联网上的信息资源也可以作为图书馆的虚拟馆藏。

现实馆藏和虚拟馆藏具有以下几个特点。

第一，现实馆藏和虚拟馆藏是相对的，它既是本馆的现实馆藏，同时又是其他馆的虚拟馆藏。

第二，图书馆有权更新、修改、利用和支配现实馆藏；通常无权更新、修改和支配虚拟馆藏。

第三，图书馆的读者或用户直接使用现实馆藏；对于虚拟馆藏，通常需要借用、检索或浏览某些协议或应用程序，只能间接使用。

6.2　图书馆数字资源整合

6.2.1 数字资源整合的概念

数字资源整合是指根据一定的需求，对每个相对独立的数字资源系统中的数据对象、功能结构及其交互关系进行整合、聚类和重组，并重新整合成一个新的有机整体，具有综合检索功能。它是一个跨平台、跨数据库、跨内容的新型数字资源系统。理想的数字资源整合应将整合后的资源纳入统一的信息服务体系，实现资源与服务的无缝结合。综合数字资源系统应该是一个集多种服务、跨平台、跨数据库、跨内容于一体的新型数字资源系统，能够为用户提供高效、个性化的知识服务。

图书馆数字资源整合的重要意义如下：形成规模优势。在当今网络时代，各地图书馆在发展过程中，都十分重视数字资源的建设，并在实践中不断加大投入，当前各地图书馆数字资源建设已经取得显著成效。但是基于总体角度而言，各地图书馆数字化建设处于起步阶段，这种情况下只有图书馆数字资源整合，才能让全国各地图书馆的数字资源通过整合形成规模优势，从而有利于提高图书馆数字资源服务水平和质量，进而可以满足广大用户个性化的信息需求[57]。

6.2.2 图书馆数字资源整合的理论基础

实践的发展离不开理论的指导。数字资源整合是图书馆数字化建设中的一个非常重要的实践活动，对图书馆而言，数据资源融合可以理解为数字资源与大数据融合发展的过程，是以同一平台为基础的数据融合，进而实现平台、服务与技术的全面融合，在数据资源高度共享与充分利用的基础上，提升服务质量[58]。它的发展也离不开理论的支撑，系统论和知识管理理论是数字资源整合的理论基础，数字资源整合与优化的过程实际上是系统论和知识管理理论的实际运用过程。

（一）数字资源整合的立足点

由于每个数据库的建设者不同，平台异构，使用方法和覆盖范围不同，但数字资源之间的自然关系不容忽视。以期刊为例，一些期刊可能同时包含在不同的数据库中。这些数据库或显示目录，或记录抽象信息，或进行权威学术索引，或提供全文服务等，以不同的形式描述相同的文献资源。此外，引文和引文之间也有关系。根据不同的相关标准（主题相关或共引相关），可能存在不同程度的相关性。简言之，基于内容和知识的数字资源之间存在着无数的相关性。

基于内容和知识的相关性，数字资源可以在垂直和水平方向上进行划分。横向上，可以根据各自的学科和知识类型分为不同的部分；在垂直方面，形成了一个单独的数据库，每个数据库包含不同的学科。可见，数字资源在结构上呈现出丰富的层次性。另一方面，数字资源的结构具有完整性。这是因为结构作为数字资源的内在规定，反映了数字中各要素的安排与组合，但正是这种安排与组合，使数字资源具有了不同于其他资源的整体性质的规定性。因此，为了充分发挥数字资源系统的整体功能，必须合理整合结构，构建能够有效发挥其功能的数字资源体系结构。

因此，数字资源整合应以数字资源系统的结构优化和整合为基础。数字资源系统的结构是一种组织绩效，是指数字资源系统中不同数据库之间的某种相关性，是数字资源系统有机联系的反映。由于数字资源的内容可以从纵向和横向上划分为多个部分，数字资源系统的结构整合应包括横向结构整合和纵向结构整合。横向结构是指数字资源的学科和专业之间的相互关系，横向集成是对不同数据库中同一学科、专业的数字化对象进行优化集成；垂直结构是指数字资源的空间相关性，垂直整合是指将不同学科的数字资源整合成具有多维立体网络结构的有机知识整体。

（二）系统方法论在资源整合工作中的应用

任何理论的应用都有其自身前提。作为一种方法论，系统方法论应用的前提是对象的完整性。系统是一个具有特定功能的有机整体，由若干相互作用、相互依存的组成部分组成。即根据事物的系统性，以系统的形式考察对象。伯塔兰菲直截了当地说：“当我们谈论‘系统’时，我们指的是‘整体’或‘统一’。”钱学森对此作了进一步阐述，他说：“什么是系统？系统是由许多部分组成的整体，因此系统的概念是强调整体，强调整体是由相互关联和相互制约的部分组成的。”系统方法的显著特点是完整性、相关性和优化性。完整性是系统方法的基本出发点，它是指系统元素有机集合的整体性能，不同于孤立状态下元素的机械添加。相关性是完整性的延续，是指系统要素之间以及要素与整个系统之间的关系。优化性是指在一定条件下对系统的组织、结构和功能进行整体改进，使系统的有机整体具有更大的灵活性和发展性。

数字资源系统应该是一个由相互作用、相互关联的数据组成的有机知识系统，因此，数字资源整合的理论基础应该是系统论方法。从系统论的角度，确定资源整合的方法论原则，并将系统论方法应用到数字资源整合的实践中，实现数字资源的整体优化。根据系统理论，促进系统协调发展的动力来自具有一定差异的不同子系统之间的相互作用和集成。然而，不同子系统之间的差异是有条件的，阈值不是无限的。否则，系统的协调发展就不会产生，还会导致系统的解体甚至断裂。数字资源建设也是如此。如果每个数据库独立存在，形成一个信息孤岛，必然会带来很大的负面影响。根据 Zipf 的“最小努力原则”，用户在使用这些数字资源的过程中会因为各种各样的麻烦而最终放弃这种行为，导致资源利用率低下。因此，将这些独立的数字资源整合成一个完整的数字资源系统已成为一项必然而非常重要的工作。只有这样，我们才能使资源利用的效益最大化。

（三）知识管理在资源整合工作中的运用

知识管理就是利用现代信息技术和手段对信息进行处理和整理，并按照一定的知识结构对其进行有效管理，使知识能够很好地应用于人们的日常生活、工作和管理决策过程。这是解决知识匮乏及其问题的有效途径。知识管理是对知识的形式化管理，以促进知识的生成、获取和重用。它为组织实现显性知识和隐性知识的共享提供了新的途径，并通过知识共享利用集体智慧提高组织的适应性和创新能力。

知识管理的最终目标是在现有知识的基础上，结合实践进行创新，寻求信息处理能力与人的知识创新能力的最佳结合，在整个管理过程中最大限度地实现知识共享，为了在最合适的时间将最合适的知识传递给最合适的人，使他们做出最合适的决策，知识的产生经历了一个过程，从最初不相关的“数据”到能够清晰表达某种意义的“信息”，最终提取和处理有价值的“知识”。目前，大多数图书馆仍停留在信息管理的层面上，侧重于对信息的收集、存储、整理和传递的机械化管理。在数字图书馆建设过程中，通过自建和购买的方式建立了多种不同类型的数据库，为用户提供了大量的数字资源。然而，这些资源以岛屿的形式独立存在，并不反映资源的整体性和相关性。

6.2.3 数字资源整合的内容

大数据技术环境下，图书馆资源融合的主要内容可以分为数据、平台与服务等 3 个层面上的要素融合，从而构建起资源高度共享与利用的交互平台。具体而言，资源融合的基础为数据融合，关键技术环节为平台融合，最终目标则是不同图书馆的服务融合。数据融合能实现海量异构数据在同一平台上的融合，并在此基础上构建起图书馆的业务与服务平台，为用户提供更加全面高效的信息服务，提升自身的竞争力[59]。

数字资源整合的内容是整合不同的数据库，提供单一的虚拟数据库。这样，就不会有与核心业务不一致的数据库存在。数字资源整合主要包括数据选择、数据挖掘、数据清理和数据预处理。利用应用系统对收集到的凌乱、重复、不完整的数据进行重新整合，放弃一些与挖掘目标无关的属性，为数据挖掘子系统提供简单、准确、更有针对性的数据，提高知识发现的起点和准确性。数据集成产生的新知识模型可以通过表格、统计图表、图形和可视化数据来表达。在数字资源整合过程中，一项重要的工作就是数据库资源的整合。数据库内容的集成主要是非结构化信息资源的集成，如印刷资源、电子表格、文本文件、图像、图表、报告、音频文件和视频文件等。这些信息资源通常占图书馆被利用信息资源的80%左右。根据读者的需求有效整合，保证他们能实时访问到与过程相关的非结构化内容。

信息资源整合的过程就是在数据和内容整合的基础上寻求过程的改进。流程集成可以通过信息应用软件将库内存在的信息规则和流程转换为外部流程和规则引擎。这种外部转移增加了灵活性，可以对流程改进或新信息咨询做出更有效的响应。通过提高外部和内部流程的自动化水平，提高流程执行的整体效率，达到信息资源的优化。

在数字资源整合过程中针对用户使用情况及馆藏情况，合理配置纸质文献和电子信息资源，在同一检索平台上集成有效信息，提供异构系统的跨数据库检索服务，可以方便用户根据学科、数据库名称和语言同时检索多个数据库的资源。即输入搜索公式，可以同时看到多个数据库的搜索结果，这样也大大提高了图书馆的服务效率。

纵观时代发展的趋向，在信息时代，图书馆数字资源的发展方向应从信息管理向知识管理转变。人类知识是一个相互关联的有机整体。图书馆发展的目的是创造良好的信息环境，通过互联网为读者提供分布式异构数字信息的智能检索和服务。这就要求图书馆作为信息时代人类知识和信息的提供者，对数字资源进行综合集成，把图书馆的资源库建设成为核心知识库。这种综合集成是知识系统的集成，通过相关技术软件维护知识系统的完整性和相关性，让人们从中攫取源源不断的知识。这种支持分布的数字信息系统间的相互操作、无缝交换和共享信息资源与服务，构建一个逻辑的集成信息服务机制，并按数字资源的逻辑关系组织成立体网状、相互联系的知识资源系统。这种高信息、高知识浓缩下的资源整合，为人们畅游知识海洋提供了便利。

6.2.4 数字资源整合的关键技术

（一）元数据技术

1．元数据技术产生的背景

元数据是关于信息资源或数据的一种结构化的数据，是用来描述数据的数据。通俗的说就是数据的说明书，是介于对象数据和使用者之间的一种中间数据，其功能在于抽象和集中描述对象数据的相关要素，让元数据做到机器可读，甚至机器可理解，从而帮助计算机系统可以高效地识别、定位和管理对象数据，帮助使用者管理和检索数字资源[60-61]。

元数据可以为数字图书馆提供语义基础。资源是数字图书馆的基本要素。任何可以识别的东西，物理实体、数字对象、虚拟复合对象或对象集合都可以称为资源。元数据可以描述资源的各种属性，可以看作是“资源”的替代品。数字图书馆通过元数据管理来管理资源。元数据通过定义数字图书馆的资源信息结构和数字对象资源库的组织结构，决定了数字图书馆的利用方式和信息组织结构。

2．元数据的概念

元数据是描述数据的数据。在地理空间数据中，元数据描述了数据特征的内容、质量、状态等背景信息。它主要反映数据集本身的特点和规律性，使用户能够合理、准确、高效、充分地开发和利用数据集。通过元数据，我们可以查询、搜索和访问数据库，充分利用计算机系统资源，对数据进行处理和二次开发等。随着计算机技术、网络通信技术和 LIS 技术的发展，空间数据的共享已成为普遍需要。数据生产者需要有效的数据管理和维护方法；用户需要找到更快、更全面、更有效的方法来发现、访问、获取和使用当前状况强、精度高、易于管理和访问的空间数据。在这种情况下，空间数据的内容、质量、状态等要素数据信息变得越来越重要，成为有效管理和应用信息资源的重要手段。地理信息元数据标准和操作工具已成为国家空间数据基础设施的重要组成部分。

3．元数据的类型

对于元数据的类型存在不同的分类方法。一般来讲，分为描述型元数据、结构型元数据、存取控制型元数据、评价型元数据等。

描述型元数据：用来描述、鉴别和发现数字化信息对象，主要用来描述信息资源的主题与内容特征。

结构型元数据：用来描述数字信息资源的结构。

存取控制型元数据：是以数字化信息资源为基础，并拥有使用权限和知识产权特征。

评价型元数据：用来描述且管理信息评价体系中数据的位置。

元数据也可以分为业务型元数据、技术型元数据、操作型元数据和管理型元数据，如表 6.1 所示。

表 6.1　元数据类型间的比较

元数据类型	数据类型	数据内容
	数据值	175
业务型元数据	单位	cm
	指标	平均身高
	统计时间	2021 年
	区域范围	全国
	人群范围	成年男性
	阈值	80-260
技术型元数据	数据库类型	MySQL
	数据库连接	XXXXXX
	实例名	Statistic
	表名	Human_stat
	字段	Height_avg
	数据接口	http://XXXX
操作型元数据	创建人	张三
	创建时间	2021 年 1 月 1 日
	修改时间	2021 年 1 月 1 日

续表

元数据类型	数据类型	数据内容
管理型元数据	数据权限	公开
	安全权限	安全
	质量权限	极高

4. 元数据的作用

元数据主要有下列几个方面的作用。

第一，元数据是用于组织、管理和挖掘信息资源。它可以准确地识别、定位和访问广域网或Internet上的信息资源。

第二，元数据可以帮助数据用户查询所需的信息。例如，它可以根据不同的地理间隔、指定的语言和特定的时间段找到用户想要的信息资源。

第三，元数据可用于维护数据。数据拥有机构所建立的元数据文档能保证其组织和人事变动时，不会发生数据价值的流失，元数据会为后续任者提供数据的一切信息。

第四，元数据可以用来建立信息资源的数据目录和数据交换中心。用户可以通过数据目录和数据交换中心提供的元数据内容共享信息。

第五，元数据可以提供数据转换方面的信息，使用户在获取业务信息的同时便可以得到相应的元数据信息。通过元数据，人们可以接受并理解所得信息，与自己已有信息集成在一起，进行不同方面的分析和决策。

第六，元数据对显示信息对象的真实性、结构完整性和综合性具有重要作用。

第七，元数据可以作为电子目录，协助资源检索。因此，元数据可用于揭示各种电子文档或档案的内容和特征，它的典型工作环境是计算机网络。

5. 典型元数据编码格式

（1）MARC。MARC（机器可读目录格式）是世界上最流行的书目数据标准，它是图书馆描述、交换、处理、存储和检索信息的基础。由于严格的数据结构，MARC已经成为描述文献的主要描述手段。每个数据描述系统都得益于标准MARC格式的支持，其可较为有效地进行联合编目、联合目录的共用及实现数据共享。

（2）FGDC。FGDC（美国联邦地理数据委员会）的任务之一是致力于研究和制定一种符合美国的国家地理空间数据标准。根据OMB发布的A-16号通告以及12906号行政令，美国FGDC的各个分委会及工作组基于和某些非营利的组织、私营企业以及国际组织的持续的合作和协商，对于地理空间数据有关的标准进行了开发和研究。美国国家空间数据基础设施（NSDI）可以参考这些标准来实施。

（3）VRACORE。VRACORE 是指 VRA 视觉材料的核心类别，其格式主要是由以下部分组成的作品描述类别。

第一，用于描述视觉文献记录的原创作品或任何实物作品，包括以下数据部分：作品类型、大小、载体材料、日期、注释、作品名称、负责人、责任方式、作品主题、相关作品、与相关作品的关系、收藏单位名称、收集位置、收集编号、当前存储位置、原始收集或发现位置。

第二，视觉文献著录的目录，是用来记载某一实体作品的视觉文献的著录，其共包括视觉文献的类型、视觉文献的格式、视觉文献的尺寸、视觉文献的收藏日期、视觉文献的收藏者、视觉文献的主题、视觉文献的来源等单元。

（4）DC 元数据。DC 元数据即“都柏林核心元数据”。由 OCLC 与国家超级计算应用中心联合发起，因创始地——美国俄亥俄首府都柏林而得名。DC 元数据规范由包含 15 个元素的元数据的元素集合构成，来对资源对象的语义信息进行描述。目前已成为 IETF RFC 2413、ISO 15836、CEN/CWA13874、Z39.85、澳大利亚、丹麦、芬兰、英国等国际、国家标准。

（二）可扩展标识语言

1. XML 简介

XML（可扩展标记语言）由 W3C 提出的定义。工作组对该语言的描述如下：“XML 是 SGML（标准通用标记语言）的一个子集。其目标是允许普通 SGML 以当前 HTML（超文本标记语言）在 Web 上提供、接收和处理。XML 设计为易于实现并在 SGML 和 HTML 之间相互操作。”

XML 和 HTML 一样，是 SGML 的一个子集。SGML 太复杂了，根本不受欢迎，而 HTML 太简单且不灵活，XML 是介于 SGML 和 HTML 之间的语言。它保持了 SGML 强大的标记功能，同时又不丧失灵活性和开放性。XML 是一种元标记语言。用户可以定义自己的标记，只要它们满足一些最低标准。基于 XML，许多行业都定义了自己的标记语言，如数学家定义的 MathML、化学家定义的 CML 等。相对于 HTML 而言，XML 具有很多优点。

第一，XML 是自描述的。XML 最大的能量来自它不仅允许用户定义自己的标记集，而且这些标记不必局限于对 HTML 等显示格式的描述。XML 可以定义自己的一组标记来描述文档的内容，比如可以用一个标记“Postcode”来说明 330013 是一个邮编，用标记“Corderno”来说明 20080308 是一个订单编号等。

第二，XML 支持文档内容的验证。可以轻松验证文档的有效性。

第三，XML 允许在各种学科中开发特定于领域的标记语言。有了这些语言，该领域的专业人士可以自由地交换短文本、数据和信息，而不用担心对方是否能够分析和理解数据。

第四，XML 是非专有的，易于读写。这使得它成为不同应用程序之间交换数据的理想格式。

第五，XML 是基于 W3C 定制的开放标准，这使得基于 XML 的应用程序具有广泛性。

第六，XML 支持高级搜索。在互联网上，如果网页是 XML 格式，搜索效率会更高，不仅可以搜索数据，还可以向搜索中添加与数据相关的上下文信息，从而形成更准确的搜索机制。

2. XML 在数字资源整合中的作用

由于 XML 技术不断进步，组织、处理和交换信息正在以 XML 作为元数据的编码语言。采用此种技术，人们可以组织和整理各种信息类型的资源，组织和整理这些资源集合模式及其片段的定义、筛选、链接、集成，组织和整理这些资源集合的数字加密机制，组织和整理各类型资源信息的开放式的处理界面，组织和整理各模式类型的信息资源的查询机制。

（三）OAI

OAI 的全称是用于元数据获取的开放存档倡议协议，简称 OAI 协议。该协议是一种互操作协议，独立应用，可以提高网络资源共享的范围和能力。其中，在电子出版领域，档案是学术论文图书馆的同义词，而不是人们通常认为的档案。发展目标扩大后，档案一词的含义也变得更加广泛，指的是信息库。开放意味着具有各种结构的数据库是开放的，也就是说，可以从许多具有不同结构的数据库中获取信息，但不是无限和免费的。

OAI 的研究始于电子出版（EPrint）团体，其研究目标是通过电子出版团体内部系统的相互操作来达到团体内部信息的共享。后来其目标逐渐扩大为寻找一种实现不同数字资源系统之间的开放检索的简便方法，也就是跨系统检索。为加强系统之间的互通性，更准确地利用学术性的电子资源，OAI 对资料撷取协定（OAI-PMH）做了进一步的完善，以达到利于其运作的目的。根据协定中的描述，资料撷取协定可以看作是一种网络系统，该系统基于 HTTP，可以访问。OAI-PMH 可以检索系统中包含的解释数据。这些诠释资料通过使用 Dublin Core 这一无修饰词的元素集的支持，以 XML 的编码格式进行传回。当然，OAI 协议也可以使用其他语言来支持 XML 记录的定义。同时，OAI-PMH 也支持 Java、Perl 以及 C++等程序语言。资料撷取协定主要是通过对从电子全文库获得的解释数据被编入索引并用作搜索线索。这样，就达到了 OAI-PMH 检索电子全文的目的。然而，OAI-PMH 将在全文检索期间以不同格式显示解释数据。目前 OAI 的具体方法是以 DC 的 15 个核心元素为映射中心，映射每个系统中不同的元数据格式，实现系统间的互操作。

（四）Mashup

1. 简介

Mashup 是一个新的应用程序种类。其典型应用包括以下几种：

（1）地图 Mashup。Mashup 开发的主要驱动力是谷歌披露了其 Googlemaps Api。这似乎为 Web 开发人员在地图中包含各种类型的数据打开了大门。为了不落在别人后面，微软、雅虎和美国在线也相继披露了各自的 API。

（2）视频 Mashup 及图像 Mashup。图像主机和社交网站的兴起导致了许多有趣的 Mashup 的出现。因为内容提供者同时拥有图像及其相关元数据，所以 Mashup 的设计者可以将图像和与图像元数据相关的信息存储在一起。

（3）搜索 Mashup 及购物 Mashup。搜索 Mashup 和购物 Mashup 已经存在很长时间了。在 Web API 出现之前，许多购物工具使用 B2B 技术或屏幕截图来积累相关的价格数据。为了促进 Mashup 和其他 Web 应用程序的开发，一些消费者网站发布了自己的 Api。

（4）新闻 Mashup。2002 年，新闻来源开始通过 RSS 和 Atom 等联合技术发布各种主题的新闻提要。基于联邦技术的 Mashup 可以收集用户的 Feed 并通过 Web 呈现，从而创建个性化的报纸，满足不同读者的兴趣。

（5）微博 Mashup。将多个微博聚合在一个平台上显示或将多个微博同时绑定在一个平台上，提供微博信息汇总表，让用户轻松实现不同微博之间切换的自由，从而满足用户的多个平台同步的要求。

2. 相关技术

（1）Ajax。Ajax 实际上是一种网络应用模型，是多种关于内容呈现技术的和异步加载技术的结合。该技术改变了用户在执行某些操作后重新加载和重新呈现整个页面的情况，从而在客户端和 Content Server 之间交换少量数据，使用户能够获得流畅、良好的 Web 体验。

Ajax 的作用可以简单归为以下几点。

第一，CSS 用于确定表示层样式，XHTML 用于规范化网页编码。

第二，为动态显示和在浏览器中显示而提供的 DOM（文档对象模型）API 进行交互。

第三，通常是以 XML 数据作为传递的基础，来实现数据的异步交换。

第四，利用 JavaScript 语言编写 Internet 应用程序来作为浏览器端进行的脚本。

（2）Web Service。Web Service 由多种技术组成，这些技术可以给客户端发送数据。其中的 REST 和 SOAP 都是平台无关性的协议，利用这些协议可以实现客户端与远程服务之间的通信。

1）SOAP。

SOAP 规范是由两个关键的组件组成的，一个组件是消息结构，其包含消息头以及消息体。前者是用来交换与消息体有关的、非特定的某些相关信息。另一个组件为采用 XML 的消息格式进行的平台无关性的编码。

2）REST。

REST 是一种仅使用 XML 和 HTTP 技术的 Web 通信技术。它的功能很简单，不需要严格的配置文件。它可以很好地从表征状态中分离出来。REST 支持许多简单的操作，如 Post/Get/Put/Delete，还可以直接对 URI 定位的资源进行操作。

3）RSS/Atom。

RSS 是一种 XML 格式，用于分析网页内容，包括摘要标题以及 URL 等信息的元数据进行汇集和分发。

Atom 是一种文档格式，其以 XML 为基础对相关的信息列表进行记述。Atom 的目标是解决目前表示方法的不一致、版本混乱的 RSS 的问题。

6.3 图书馆数字资源整合

融合，即融为一体。在大数据环境中，图书馆数字资源得到新的发展，类型不断丰富，总量高速扩张[62]。在大数据环境下，图书馆逐渐呈现出大数据的特征，图书馆数字资源被赋予了新的内涵。它不仅显示了数据量的爆炸性增长，而且还在数据类型和数据源的范围内不断扩展。图书馆数字资源整合，即整合图书馆大数据的过程，强调基于同一平台的整合，目的是在数据整合的基础上实现技术、平台和服务的整合，其最终目的是实现图书馆数据资源的共享和有效利用，为用户提供优质服务。

6.3.1 图书馆数字资源融合层次分析

（一）数据融合层

数据融合指在收集到的图书馆大数据的原始来源数据上进行的融合，主要解决数据分散分布、异地异质异构和集中存取等问题，数据开放和信息公开是数字资源整合的基础，图书馆和用户可在数据融合的基础上进行一些简单的查询和处理工作。资源数据、业务数据、用户数据、行业数据及相关外部数据是图书馆大数据的主要来源，因此图书馆、用户、政府及相关管理机构是图书馆数据资源的主要拥有者。数据能否公开、是否公开容易受到用户隐私泄露、知识产权保护、数据被滥用等不良数据应用的影响，如何平衡各数据资源拥有者的利益分配、保护用户隐私、遵守知识产权法规、保证数据不被非法利用是图书馆在进行数字资源融合过程中应重点解决的问题。在充分保护用户数据安全的基础上，尽可能提升数据的共享水平和利用效率[63]。此外，在数据资源的融合过程中，其主要特点是数据规模量大、并发数高，图书馆数据资源融合的实现还需建立一个多中心多层级的集中数据平台，分别存放不同地区不同类型的图书馆个体产生的、不同业务部门产生的、不同特征用户产生的“多源”数据，并通过元数据将具有关联性的所有数据互相联结起来。

（二）平台融合层

完善的基础设施和大数据处理技术是大数据利用的基础，图书馆数字资源融合最终实现的关键在于解决技术难题。平台融合指通过构建一个集成平台或云平台，实现与多种技术、多种格式数据的互操作，将多种技术融入一个统一平台中。图书馆大数据来源广、规模大、类型复杂、非结构化数据多等特点使现有的数字资源整合平台在数据采集、数据组织、数据加工、数据处理、数据存储、数据共享、数据集成、数据安全、数据传输、数据挖掘、数据分析与利用等方面面临着巨大挑战。大数据环境下图书馆数字资源的整合需要使用最新的数据采集技术、数据整合技术、分布式数据存储技术、云计算技术、数据库技术、分布式文件系统、数据挖掘技术、数据可视化技术、知识发现等技术构建一个结构完备、功能齐全的数字资源融合平台，将结构复杂的图书馆大数据转化为统一的、易于处理的数据标准和数据结构，实现多格式数据、多技术的相互操作，实现图书馆大数据的共享和充分利用。

（三）服务融合层

充分开发与利用图书馆的大数据资源，为图书馆自身建设提供决策支持，为用户提供综合性的优质服务，这是大数据环境下图书馆数字资源整合的最终目标。服务融合是指在数据融合和平台融合的基础上，通过对服务要素进行动态优化，构建融合服务体系，实现服务内容、形式与功能的融合。大数据环境下，数据挖掘和数据分析是大数据服务的核心，对大规模数据的处理、分析与挖掘成为图书馆业务开展的主要方向。图书馆服务内容的拓展、服务策略的转变、服务质量的提高将更多地依靠从大规模图书馆数据中发现的规律和价值，发现的规律越多，价值越大，图书馆的服务水平提升的越快。在大量数据分析的支持下，针对用户的服务也更加精准和个性化，以大量数据资源为基础，以数字资源融合平台为支撑，为用户提供个性化服务、定制服务、数据关联分析、知识发现、数据挖掘、数据可视化等服务是图书馆数字资源融合服务的具体表现形式。

6.3.2 大数据环境下的数字资源融合框架与模式

（一）融合内容

大数据环境下，规模大、种类多是数字资源的首要特征，随着海量数据处理技术的发展，使用一切数据让人们更清楚地看到了大数据的价值。数字资源融合是大规模数据的融合，融合内容为针对某个对象在时空两个维度上的数据，将信息和数据组成一个完整的有机整体进行开发利用，获得越来越大的价值。从时间上讲，数字资源融合是指一定时间内积累的完整数据的整合，即过去、现在和未来数据在时间上的整合；就空间而言，它指的是不同的融合区域、不同行业领域等的完整数据。这种完整数据，在大数据环境下，也表现为“多源”，即多源在同一对象上不同方向记录数据，数据可以相互确认。因此，数字资源的整合还包括同一学科不同来源数据的整合、同一组织学科不同类型数据的整合以及图书馆、档案馆、博物馆等不同信息机构之间的数据整合。

基于大数据技术环境，图书馆数字资源的融合必须以最新、最先进的数据处理技术为基础，通过数据采集、数据挖掘、数据存储、云计算、可视化技术、知识发现等技术共同完成数据资源的融合，为资源融合平台的构建提供充分的数据支持，从而实现良好的数据共享[64]。

（二）融合的方法

1．基于语义的图书馆数字资源融合

所谓“语义学”是指遵循一个统一的标准，赋予每一条信息一个计算机可以理解的“意义”。就术语而言，它是“元数据”，也可以形象地理解为在数据信息上附加各种标准化的“标签”。基于语义的图书馆数字资源整合实际上是一个重组、加工、开发和创造新知识的过程。基于元数据技术创建本体，对图书馆大数据进行概念化、标准化，通过元数据标签实现数据与数据的自动连接，最大限度地整合完整数据，解决数据资源分散分布、重复建设的问题。同时，还可以根据数据之间的多维关联，构建语义关系网络，所映射的数据资源内容便形成集中的知识网络，充分满足用户对数据信息的需求，使图书馆大数据得到有效利用，也有利于揭示潜藏在语义网络中的信息和知识，通过知识再创造实现知识增值。

2．基于主题的图书馆数字资源融合

主题法是直接从表达主题内容的词语中组织和检索文献信息的一种重要方法，它还可以更好地应用于大数据环境。基于主题的图书馆数字资源整合是指通过主题词对图书馆相关数字资源进行整合。针对图书馆大数据中的资源数据，将与某一主题相关的所有数据进行融合，使用户可以快速、方便地检索和使用与某一主题相关的所有资源。如果需要检索与“大数据”相关的数字资源，所有书籍、期刊、网页、技术应用案例都可以在一个页面上显示。针对图书馆大数据中的业务数据，可以以某具体业务为主题，将相关数据融合起来，通过大数据分析便能了解这项业务的开展情况。针对图书馆大数据中的用户数据，可以按性别、年龄、学历、职业等不同的

主题进行数据融合，发现同一类型用户的借阅习惯和行为爱好等特征。基于主题的融合方法的关键是确定主题词、主题词之间的关系以及与主题相关的词的组织。

3. 基于用户的图书馆数字资源融合

图书馆数字资源整合的最终目标是为用户提供全面、高质量的信息服务。以人为本是信息服务的关键。基于用户的图书馆数字资源整合是基于"以用户为中心"理念的数字资源整合方法。它以用户为中心和出发点，根据用户的具体信息需求整合相关数字资源。实际上，这种集成也可以称为个性化集成，其目标是为用户提供个性化定制服务。在大数据环境中，我们面临着许多复杂的资源环境，用户在查找自己所需要的有价值的数据信息时容易受到信息检索能力的限制，图书馆如果能真正做到"以用户为中心"，提供用户所需要的数字资源，解决用户的问题，便能拥有与其他数据信息商和信息咨询机构竞争的优势，从而在信息服务领域保持重要位置。

4. 基于应用的图书馆数字资源融合

基于应用的图书馆数字资源集成是指在应用层通过应用逻辑的关联实现无缝、实时的集成。对于图书馆的不同业务部门，当图书馆提供不同的信息服务时，他们所需要的完整数据资源将实时传输到相关的数据库表中。这些数据库表之间的关系由图书馆数字资源集成平台应用层的应用逻辑定义，并通过表之间的内部和外部实时关联来实现。这种融合方法更具实时性，其关键在于在应用层定义应用逻辑。

6.3.3 数字信息资源融合面临的困扰及对策

大数据环境下，数字信息资源整合已成为数字信息资源整合与共享的发展趋势。它不仅是一项重要的创新，而且还面临许多实际问题[65]。未来，数字信息融合是一个值得信息机构研究的课题。

（一）观念困扰及对策

数据时代的创新给社会各行业带来了巨大的发展机遇，但随之而来的问题也很多。开放后数据资源的安全已成为一个重要问题，数据经常被误用或滥用。目前，不侵犯个人隐私和不危害国家安全已成为数据公开实践的两大安全边界。这两个边界之外的数据是开放的。数据开放已成为数字信息资源开发的必然。这就要求政府、机构和用户从思想观念上对数字信息资源整合有新的认识，能够正确处理数据与信息安全之间的问题。

（二）技术困扰及对策

在大数据环境下，科技信息技术和互联网技术飞速发展，数字信息资源整合技术取得了长足进步，为推动数字信息资源整合的顺利发展提供了技术基础。然而，庞大的数据规模、复杂的数据类型、不确定的数据模式等因素对数据存储容量、标准、技术保存和数据信息安全提出了更高的要求。这些问题是数字信息资源整合中亟待解决的难题。此外，非关系数据库、元数据、云计算和网络技术的发展也将发挥重要作用。

（三）经济困扰及对策

通过数字信息资源整合，有效解决了数字资源重复、分散、信息获取困难等问题，促进了数字信息资源的高效利用和数字信息资源的共建共享。然而，大数据环境下的数字信息资源整合和服务信息平台建设是一项复杂的工程，成本巨大，需要巨大的人力、物力和财力支持；而且投资大，效益低，建设成本相对较高，收益效益相对较小，风险最大。因此，创建数字信息资源整合与服务信息平台，需要权衡利弊，综合衡量利弊。这就要求政府部门加强技术人才的培养，为数字信息资源的整合提供经济支持。

（四）管理困扰及对策

大数据环境下数字信息资源整合涉及的机构众多，需要大量的人力、物力、财力投入和协调，一些主体之间会存在利益冲突。这就需要规范的管理体制和完善统一的管理机制；建立专门负责机构，选择专业技术人员，按照统一标准对数字信息资源整合进行科学管理和有效布局。要不断创新管理体制，提高职工积极性。通过完善数字信息资源整合管理体系，明确信息机构职能，定期检查并统一规范数字信息资源服务平台的管理，数字信息资源整合才能顺利进行。

（五）法律困扰及对策

在大数据环境下，数字信息资源融合的法律约束是数字信息资源融合合法化的保障。数字信息资源涉及的法律问题包括数据安全、知识产权和个人隐私。政府部门要加强法律法规的制定和实施，制定有效措施确保数据安全和用户个人隐私不受侵犯，不断完善数字信息资源的知识产权保护政策，平衡知识产权的传播、共享与知识产权保护。

6.3.4 数字资源融合的突破与创新

在大数据和云计算背景下，信息机构数字资源整合与服务研究突破了传统的信息资源整合模式、集成与共享等研究局限与缺陷，是重要的突破和创新，需要理论依据、实践证明和价值现实。首先要从理论上寻找大数据背景下数据开放、信息披露、资源整合、无缝对接的科学依据，有效解决分散分布、重复建设等问题，传统环境中的利益冲突和数据信息资源利用效率低下。其次需要从实践上探索大数据时代信息机构数字资源融合与服务的框架和模式，并构建相应的资源融合平台框架模型，为信息机构的数字资源开发利用与服务提供新思路，证明其实践中实现和实施的可能性和可行性。最后需要通过理论、实践和应用研究为信息机构在大数据背景下实现数字资源融合与服务提供指导，同时研究其可持续发展的资源保障、制度保障、组织保障和运行机制，发挥信息机构的优势和特色，提升信息机构在大数据时代的社会地位和影响，寻求其现实作用和价值实现。

6.4　数据挖掘在图书馆应用领域研究

随着数据库技术应用的迅速普及，图书馆信息的种类和形式越来越丰富，需要存储和传输的信息资源量越来越大，数据量呈现“爆炸式”增长趋势。然而，面对海量数据的处理，图书馆传统的信息管理模式和手段无能为力。一些图书馆不由自主地陷入了“数据丰富，知识贫乏”的境地。在这种情况下，如果将数据挖掘技术应用到图书馆服务中，可以从大量图书馆数据中筛选出隐藏的有用数据，探索看似复杂无序的信息之间的内在联系，发现有价值的信息知识，实现“数据”的转化→ 信息→ 知识→ “价值”是可以实现的。

目前，数据挖掘技术作为数据库研究、应用和开发领域最活跃的分支之一，正在推动学术研究的进步，推动行业的不断发展。数据挖掘也成为图书馆应用研究的一个重要课题，不断受到国内外图书馆界专家学者的高度重视。笔者试图对检索文献进行梳理和总结，总结国内图书馆领域数据挖掘应用研究的现状和热点，分析当前研究的不足，以指导进一步的研究和应用方向。

6.4.1 国外数据挖掘在图书馆应用的研究现状

国外最早以数据挖掘在图书馆中的应用为主题的论文出现在 1997

年，自此之后，国外许多专家学者开始关注数据挖掘在图书馆领域的应用[66]。围绕面向图书馆的数据挖掘技术，不少学者还提出了应用理论及实现方法[67]。尤其是近几年来，欧洲和北美地区对数据挖掘技术在图书馆的理论与应用方面取得丰硕的成果。例如，美国加州大学 Michaelcooper 教授利用数据挖掘对加州大学数字图书馆使用记录进行分析，得出了不同类型用户的逗留时间规律，他还构建了数学模型，应用时间序列以及聚类等分析方法研究图书馆用户的行为规律，并对未来的趋向进行了科学预测[68]。芝加哥大学图书馆的 Swansan 开发了 Arrowsmith 软件系统[69]，该系统可以对数据库文献信息进行深度挖掘，探索文献中信息之间的内在联系，挖掘有价值的信息知识，这一成果吸引了该领域专家学者的广泛关注。

6.4.2 数据挖掘在图书馆应用的研究热点

（一）数据挖掘在数字图书馆的应用

目前，数据挖掘技术主要应用于数字图书馆读者分析与研究、资源建设优化、多媒体数字资源挖掘等方面。在读者分析研究方面，多数专家学者采用聚类分析方法对读者类别进行划分，然后进一步分析关联规则，从而深入挖掘各类别读者的借阅特点，准确把握读者信息，更好地为读者提供服务；例如，徐原青[70]在数字图书馆总体规划的早期就引入了数据挖掘技术，通过构建数据仓库，利用 Analysis Services 2000 数据处理机制，对基于读者满意度的数据挖掘在数字图书馆中的应用进行了研究。在图书馆资源建设优化方面，潘小枫[71]从数据应用数字图书馆管理系统建设、馆藏的深层次加工，以及网络信息资源挖掘等方面提出了推进数字图书馆发展策略。对于多媒体数字资源挖掘研究，李默[72]提出使用 Web 挖掘等技术构建多媒体资源用户行为分析的原型系统，采用频繁模式树算法对用户信息进行分析的方法。汤文亮等[73]提出一种改进的数据挖掘算法，能提高聚类效率，提升挖掘用户信息的速度。

（二）数据挖掘在高校图书馆的应用

国内图书情报学的专家学者围绕数据挖掘在高校图书馆的应用开展研究。赵卫军[74]就数据挖掘在高校图书馆资源优化、智能化服务、信息自动化处理等方面的应用展开了讨论；王慧敏等[75]利用 SPSS 和 MATLAB 软件作为数据挖掘工具，以西安工程大学图书馆自动化管理系统的馆藏数据作为基本数据源，对西安工程大学图书馆的入库比例以及各学院借阅量排名进行对比细分，探讨数据挖掘技术在图书馆中的应用；孙健波[76]在硕士论文中，利用 K-Means 算法实现了对读者和图书的聚类分析，根据聚类结果指导图书馆管理和对读者个性化服务，同时，他还对 Apriori 算法进行了改进，采用关联规则挖掘对读者数据和图书数据进行挖掘，探索那些隐藏在数据中的潜在规律。金瑶[77]对数据挖掘在高校图书馆的资源管理、信息服务，以及图书馆工作管理进行了探讨；杨光和张学潮[78]提出了利用数据挖掘技术，对图书馆信息系统中隐藏的用户相关的知识进行发掘，并以山西大学为例，对图书馆用户行为进行了分析。

（三）数据挖掘于图书馆个性化服务中的推广

除了将数据挖掘应用于高校图书馆，许多专家还积极探索图书馆的个性化服务。国内关于数据挖掘在图书馆个性化服务中应用的研究主要包括以下几个方面：个性化服务软件的开发和个性化服务模型的构建。吴一平[79]提出了基于智能聚合技术的图书馆个性化信息服务方法；史艳梅[80]通过对 CMPS 系统模型的设计，实现对用户兴趣的获取；柳炳祥[81]等探讨了粗糙集和模糊聚类算法应用到图书馆个性化服务中的方法；张英[82]等提出了适合图书馆多媒体数据挖掘的系统框架，并且给出了对音频、图像以及视频等多媒体进行挖掘的方法；在个性参考咨询研究方面，杨亚华[83]提出了把知识管理、知识挖掘和参考咨询服务有机结合的参考咨询服务结构。

6.5 高校图书馆大数据整合系统平台

随着互联网上各种数据的价值、类型、数量和速度以及数据价值挖掘的加速，大数据时代正在迅速到来。人类社会在从事与技术和科学相关的各类活动是科学数据，包括人类健康活动、管理活动、科学研究活动、生活活动、生产活动、教育教学活动等过程中产生的观测数据、调查数据、试验数据、资料数据、探测数据、实验数据、基本数据等各类文字型、数值型和事实型的原始基本数据，以及根据不同的科研需要，通过系统处理产生的相关科学数据信息和科学数据产品的总和。科学数据资源属于信息资源的范畴。与科研论文等各类学术研究成果一样，也是科研成果的重要产出。当然，它也是科学研究中不可缺少的重要成分。近年来，科学数据的数量呈指数级增长。科学数据具有明显的可再开发价值、潜在价值和实用价值，使科学数据信息资源在应用过程中增值，成为最基本的信息资源，现代信息社会和大数据时代活跃、有影响力的科技信息资源类型。

近10年来，以通过互联网免费全文获取各种信息资源为特征的国际国内开放获取运动取得了快速发展。开放获取的重要作用刺激了研究人员对开放获取学术论文和学术期刊以外的其他类型信息资源的需求。因为研究者希望真正的开放获取不仅仅是对全文或原创文献信息资源的开放获取，更是对相关科学数据的开放获取，这正符合大数据时代的步伐。国家政府、专业协会、科研机构、研究基金组织和协会以及期刊出版联盟组织的政策推动，已成为推动科学数据进入开放共享行列的动力。正是上述机构发布的开放政策、开放科学数据管理政策和资源共享政策，加速了科学数据的开放获取、开放保存和开放利用。科学数据的开放共享将创造一个更加丰富的开放科学数据环境，使研究人员能够方便地发布、发现、访问、下载、获取和使用开放科学数据资源。

第 7 章　大数据时代高校图书馆信息服务创新内容

7.1　高校图书馆大数据资源共享

7.1.1　高校图书馆资源共享现状及重要作用

（一）高校图书馆资源共享现状

高校图书馆资源共享的研究由来已久。在网络技术和互联网的影响下，不仅有大量的理论研究成果，而且对具体的实际工作也有很大的影响。在这方面有许多理论和实践研究成果。近年来，中国在信息资源共建共享方面也取得了重要进展。CASHL、NSTL 和 CALIS 等共建共享联盟正在成功运行[84]。但是，我们也应该看到，信息资源的共建共享涉及到不同体系、不同类型的图书馆或其他信息机构，“分割”的管理体制和利益失衡，这使得真正意义上的资源共享成为不可能。查阅相关资料后发现，大部分论文和出版的专著都提出了知识资源共享的障碍和对策。不足之处在于行动缓慢，实践总是滞后于理论。国外相关课题的研究现状起步早于中国，更注重实践，在资源共享方面取得了比中国更先进的成果。目前，国内高校图书馆的一些资源共享计划已经实施，并取得了很大的进展。共享内容主要是电子资源、纸质资源、书目资源和人力资源。

（二）实现高校图书馆资源共享的重要作用

建设节能型社会是当今社会发展的主要特征。党的十八届三中全会指出“紧紧围绕建设美丽中国,深化生态文明体制改革,加快生态文明体系建设,建立国土空间开发，资源节约利用和生态环境保护的体制机制，促进人与自然和谐发展的现代化新格局的形成”。根据调查，几乎每个大学图书馆都会购买一些大型数据库，如《超级明星》《万方》《中国知网》等，这些数据库价格昂贵，需要每年更新，这些资金加起来是一个巨大的数字。各高校图书馆重复购买同一数据库，且这些数据库有一定的地域限制；一些图书馆有自己的特色数据库，但因为不能共享的原因，造成了资源的严重浪费。随着数据库价格的逐年上涨，由于经费的限制，势必削弱高校的文献收集能力，资源共享成为解决这一矛盾的必由之路。因此，实现资源共建共享，不仅有利于社会的和谐稳定发展，也有利于科技创新、国民素质的提高。

7.1.2 构建高校图书馆区域资源共享体系中会需解决的问题

（一）对资源共享的重要性认识不足，没有专门的制度和组织作为保障

许多高校已经开始实施资源共享计划，但由于对资源共享的重要性认识不足，缺乏相应的法律保障，没有权威的管理机构，没有中央管理机构和专门的制度作为支撑，管理者没有制定一套切实有效的制度，资源共享体系不完善，没有为资源共享保驾护航，使得共享过程无法遵循，也没有规则可循，现有的资源共享没有标准化的模式。如何建立统一的利益协调的运行机制和区域管理机构，解决管理体制的“分割”问题，使共享体系中的成员图书馆可以通过自身情况适度扩大可共享资源的范围，因此，用户能够获得更多的共享信息资源是一大难题。

（二）电子资源共享过程中障碍重重

通过对电子资源共享障碍的详尽分析，研究者发现在电子资源共享的实施过程中存在各种问题，造成了共享障碍。这包括电子资源的排他性和公有性，人们认识和观念的差异，相关社会制度的不完善，缺乏共享电子资源的技术条件和资金，使电子资源不能最大限度地发挥其价值。

（三）缺乏资源共建共享的专门人才

资源共享专业人才团队是指资源共享的研究人员、参与资源共享的管理人员、网络、文献、设备、数据等知识资源共享系统的技术人员。他们是在资源共享里最重要的支持条件。目前，这方面存在的主要问题是人才队伍不稳定、队伍不足以及评价机制不完善。因此，应加快资源共享专业人才的培养，确保知识资源共享的顺利进行。

7.1.3 促进高校图书馆区域性资源共享的思路与举措

（一）树立高校图书馆区域资源共享理念

高校是培养人才的场所，肩负着提高省乃至国家综合竞争力、科技能

力和创新能力的重要使命。无论是从提升高校图书馆的拓展外部生存空间、区域竞争力，还是从促进高校图书馆可持续发展的内在客观需要出发实现区域共享，开放高校图书馆资源都是必然趋势。如何推广即将和现有实行的资源共享计划，形成良好群众基础的与社会氛围，对整体环境至关重要。只有认识到具体的资源共建共享的必要性，才能有更多的图书馆员、单位和机构、高校教师和读者加入进来。只有在建立良好的群众基础上，才能有更多的图书馆馆员、单位与机构、高校教师及读者加入其中，只有建立了良好的群众基础，工作长久地开展下去，达到其令人满意的利用效益，并发挥出更好的作用。

（二）设立权威的组织机构

要实现高校图书馆区域性资源共享就必须有一个权威的组织机构用来协调和沟通，如河南省知识保障体系。在各级政府的支持和关注下，工作规划得到落实并取得成效的保障是设立权威性的协调机构。在此基础上，联合各高校图书馆通过共建数据库、共同购买数据库、协同购买数据库、团购数据库等，从而减少资源重复购置的危机，这样可以节约大量的资源购置经费，同时激励大学发挥资源优势、技术优势以及人才优势，自建或共建特色数据库、硕博论文数据库并实现资源共享，以期为读者提供更好的服务。

（三）电子资源共享的策略

鉴于电子资源共享过程中存在的障碍，不难破解。例如通过设立保护图书馆资源共享和传播的权利的法律，平衡使用者、著作权人和传播者的利益，解决区域资源共享与知识产权保护的问题；加强保障图书馆共享资源的法律，制定人才引进制度和培养制度等，让管理者和领导者有法可依，同时，向学校申请加大资金投入，还要开设多条获取经费的渠道，不仅要鼓励各校友会、公司、企业、基金会等社会机构积极支持高校图书馆资源共享体系的发展，还要靠校方的财政支持，或各成员馆共同分担相关费用。所以，建立有效的资源共享激励机制、广泛的利用资源共享技术、努力克服共享障碍、开发资源共享方式和深度培养资源共享文化，是解决这一问题的重要手段。

（四）培养和吸纳专业技术人员

要想真正实现资源共建共享，必须培养大批专业人才。要制定长远的人才发展战略，选择在图书馆有相关专业、积极性高、学习能力强的馆员，通过专业教育开展在职培训，提高其专业技能和知识；招聘专业技术人员或相关专业人员到高校图书馆开展开发研究，并负责指导与培训其他馆员；那些相关专业中有较高科研能力的课题牵头人人、技术创新带头等优秀人才，也可申请设立其专项资金，资助其到其他科技先进院校或国内外学习，为他们提供更多进修和学习的机会。

实现资源共享是长期而艰巨的。搭建高校图书馆区域资源共享体系是高等教育发展的必然要求，也是构建和谐社会的重要组成部分。因此，各大学要有长远的谋虑，充分利用某一地区多所高校地理位置近、交通便利、资源丰富的优势，按照现代社会“合作发展”的原则和反对资源浪费、建设节能型社会的要求，相互学习、相互合作，建立区域高校数字图书馆信息门户，避免重复购买资源和浪费资金，实现区域内高校馆藏资源和信息发布平台的集中展示，打破公众获取信息资源的壁垒，实现信息资源的开放获取。

7.2 高校图书馆大数据检索服务

7.2.1 检索服务课题分析

网络技术现今迅速发展。越来越多的数据库通过互联网提供服务。信息量大，分布广，信息自由性强，而用户面对浩瀚的信息海洋感到茫然，对网络和数字资源的利用缺乏准备，这就要求图书馆员向读者提供详细，通过信息服务提供周到全面的信息检索服务。由于教学科研工作者的精力相对有限，对学术研究要求较高的规范性，获取准确的信息需要花费大量的精力和时间，这会制约网络信息有效利用。高校图书馆开展信息检索服务正是为教学科研工作者了解各国同行的研究现状，进行科技追踪起到导航作用[85]，降低社会文化障碍，掌握社会文化障碍对用户信息搜索行为的影响路径,可以为用户提供信息搜索的其他途径，从而提高图书馆信息服务水平[86]。

7.2.2 检索工具的选择

（一）超星数字图书馆

超星电子书数据分为 22 类：文学、历史、法律、军事、经济、科学、医学、工程、建筑、交通、计算机和环境保护。目前拥有数字图书100万种，是我国数字图书资源最丰富的数字图书馆。超星数字图书馆成立于1993年，长期致力于纸质图形数据数字化技术的发展及相关应用推广。是中国专业的数字图书馆解决方案提供商和数字图书资源提供商。经过多年的研发，超星数字图书馆拥有一套成熟的图书馆数字解决方案，被公认为数字图书馆行业的第一品牌。凭借丰富的资源和技术，超星不仅迅速占领了国内大部分图书馆市场，而且在世界图书馆数字化进程中处于领先地位。2000年，超星数字图书馆被列入国家“863”计划中国数字图书馆示范工程，以数字图书馆的方式示范和推广数字图书馆技术。

（二）万方数据库资源系统

万方数据资源系统是基于互联网的大型科技商务信息平台，涵盖自然科学和社会科学的各个专业领域。其中包含了：专利技术、学位论文、会议论文、学术期刊、中外标准、新方志、政策法规、科技成果、机构、科技专家等子库。

（三）中国维普数据库

中国维普数据库源于1989年创建的《中文科技期刊篇名数据库》。其题录和全文文摘版一一对应。其包含1989年以来的农业、医药卫生、自然科学、工程技术、经济、教育和图书情报等学科8000余种期刊文献。数据库按照《中国图书馆分类法》进行分类，被分为社会科学、经济管理、教育科学、图书情报、自然科学、农业科学和工程技术这八个专辑。

（四）中国优秀硕士学位论文全文数据库

《中国优秀硕士学位论文全文数据库》是国内出版周期最短、最实用、内容最全、数据最规范、质量最高的硕士学位论文全文数据库。出版覆盖基础科学、工程技术、农业、哲学、医学、哲学、人文、社会科学等各个领域。资源特色：重点收录985、211高校、中国科学院、社会科学院等重点院校高校的优秀硕士论文，重要特色学科如中医药、军事学、通信等专业的优秀硕士论文。

（五）Google搜索引擎

谷歌的使命是为您提供最优质的在线查询服务，促进全球信息交流。谷歌开发了世界上最大的搜索引擎，提供了最快捷方便的在线信息查询方法。通过组织超过 20 亿个网页，谷歌可以为世界各地的用户提供合适的搜索结果，搜索时间通常不到半秒。现在，谷歌每天需要提供 1.6 亿条查询。谷歌创新别致的用户界面设计的和搜索技术使谷歌从今天的第一代搜索引擎中脱颖而出。谷歌不仅使用关键词或代理搜索技术。它建立在高级 PageRank（TM）技术之上。这项正在申请专利的技术可以呈现给用户最重要最优质的搜索结果。

（六）百度搜索引擎

百度是中国互联网领先的软件技术提供商和平台运营商。在中国提供搜索引擎的主要网站中，超过 80%是由百度提供的。1999 年底，百度在美国硅谷成立。其创始人是李彦宏先生和徐勇先生，他们在美国硅谷有多年的成功经验。2000 年，百度回到中国发展。百度的名字来源于“众里寻他千百度”的灵感，这让百度对自己的技术充满信心。

7.2.3 检索词及检索式

（1）中文：高校图书馆信息检索服务

（2）英文：University Library Search Service

7.2.4 检索过程及结果

虽然熟悉大学图书馆服务的概念，但很难给出科学准确的定义。在每个搜索引擎和数据库的搜索中，信息量都非常大，所以我们应该输入合适的检索式并仔细筛选，以便找到有效的信息。

1．超星数字图书馆

输入检索词：高校图书馆，检索结果显示：91 条。

2．万方数据库资源系统

输入检索词：高校图书馆信息检索服务，找到期刊论文 396 篇，会议论文 62 篇，学位论文 49 篇。

3．中国维普数据库

关键词或题名：高校图书馆信息检索服务，统计找到 15 篇文章。

4．中国优秀硕士学位论文全文数据库

输入主题检索：高校图书馆服务，找到学位论文 82 篇。

5. Google 搜索引擎

获得约 2 030 000 条结果。

6. 百度搜索引擎

获得相关网页约 6 060 000 篇。

如今网络信息资源剧增的时代，资源的异构性、动态性和分布性在信息检索造成了前所未有的挑战。传统检索的服务已经不再能够应对文献检索效益迅速增长的要求，对这一问题的解决手段是一个新的趋势。图书馆的人员需要根据信息检索的深度提供进行提高，更要进行资源上的整合。需要进行文献资源深层次整合、异构数据库的同构化整合、基于文献内容层次的整合、局部资源整合、数据库存资源层次的整合等，这些整合可以很大程度上提高资源的利用率和检索效率。高等院校的用户们在对信息内容进行综合性要求时，对提供的信息服务的深度和文献信息要求具有大幅度的提高，所以当用户针对某一专业性较强课题提出疑问时，更加要求图书馆人员能够参与进课题的研究里，从专业的课题角度考虑问题，对课题展开详尽分析，深究其中的含义，这样才能够其中的关于本领域或者其他领域的信息和专门知识组织集中化，从而提取出对用户有利的东西。向用户们展示潜在的预测分析和内容知识，这对检索质量的提高更加有利，更是高等院校的图书馆今后进行信息检索服务的发展趋势。

7.3　高校图书馆个性化信息服务

最近，国内的高等院校图书馆都大力关注于个性信息服务的发展，将其定为一种服务针对性强、信息定向强、使用更加便捷的服务模式[87]，个性化信息服务的推广深入当然也受到学校师生的一致好评。但是在个性化信息服务推广的同时，如何实时调整信息服务策略、据用户不断变化的信息需求情境、更加完整地展现信息服务其中个性化的特征也成为了图书馆发展道路上急需解决的重大问题。

7.3.1 个性化信息服务的发展瓶颈

开展个性化信息服务的前提是感知用户真实的信息需求情境。如今，在进行个性化信息服务时，各大高校的图书馆的通用做法皆是进行网络访谈、问卷调查、电话咨询等方式从而获取用户的需求，再对获取得到的信息进行分析，从而馆员才能根据对应的信息需求进行相应的特色服务。但是传统的个性化信息服务模式随着用户不停变化的信息需求无法做到完美的修改。

1．无从感知用户真实的信息情境

传统的个性化信息服务模式依旧还是通过访谈或者调查问卷的形式获取用户的信息需求，然而这些传统的模式已经受到了极大的限制，例如：用户表达不清、用户担心访谈时自身隐私的泄露、调查问卷设计不完整等，这就造成用户信息的获取在一定程度上存在偏差，所以运用不完整的信息需求是不能够达到理想的效果的。

2．服务针对性有所缺失

高等院校的图书馆服务针对的主要是在校的师生。个性化服务要想获得更好的收益效果的同时还会受到师生的研究任务不断变化、教学进度等相关因素的影响，所以更需不断的更新用户信息需求时策略。可是在日常服务中师生们往往会因为频繁沟通不方便、时间局限性等因素不愿向或者无法做到向馆员及时的反馈自己的信息需求，这就促使了图书馆无法实时感知用户的当下信息需求，最终导致图书馆提供的用户信息需求和个性化信息服务服务性差，存在严重的脱节现象。

3．个性化信息服务遭遇用户流失危机

如今是在互联网环境之下成长起来的“00 后”大学生，其本身对图书馆的依赖性不高，而且富有互联网的使用经验，当他们有信息需求时，因为图书馆的信息服务其针对性不强等其他因素，他们会更倾向于谷歌、SNS、百度等其他的途径需求信息。一方面个性化信息服务针对性不强，用户大量流失，另一个方面，高校图书馆掌握了丰富的馆藏资源，希望通过个性化信息服务方式为资源找到使用者。所以强化用户使用体验满意度，提高个性化信息服务针对，已经成为了高校图书馆在做个性化信息服务时必须解决的重要难点。

7.3.2 个性化信息服务系统可行性

1．丰富的数据来源

高等院校的图书馆是学校的信息资源中心，它累积了大量的用户行为数据，例如：用户借还书所产生的借阅信息，用户查询书目产生的 OPAC 日志，用户使用学科化信息服务中与学科馆员的互动信息，用户浏览、下载电子资源所产生的电子数据库使用痕迹，用户访问图书馆论坛停留时，用户在图书馆微博中留下的评语等。这些海量的数据能从侧面详尽地反映用户不断变化的信息情境，在对这些海量数据进行有针对性的分析、挖掘的过程中，能够确切的反映用户当时的信息情境，从而为图书馆展开个性化信息服务提供参考与决策。

2. 较易识别的目标群体

在进行个性化信息服务的同时，需及时追踪用户不停变化的信息行为，了解用户的信息需求，从而实现精确定位的信息推送。获取用户的信息需求无法缺少实时的 Web 数据挖掘，而目标用户的身份识别是 Web 数据挖掘的难题之一。高校图书馆进行个性化信息服务系统的设置时，目标群体较易识别，具有明显的区分度，受版权和经费等因素的限制，当前高等院校图书馆的服务对象依旧是在校师生，师生使用图书馆所提供的资源时，他们的信息都已在图书馆注册过，图书馆通过对师生的信息记录进行对应的识别，就可以精确知道目标群体。另外，高校的师生在使用校园网进行资源查询时，他们的电脑 IP 地址大都是在校园网网络中心注册过的，可轻松的通过客户端用户名精确识别目标用户。

3. 用户信息需求的实时感知

用户的信息需求能够通过他们的相关信息行为表现出来。对高等院校师生来说，当他们在学习，科研或教学方面有相关的信息需求时，一般会通过互联网或者图书馆等途径进行查询。在查询过程中，后台服务器通过实时记录用户的信息行为数据，再对以上数据的深度挖掘，用户的实时信息需求就会突显出来，如通过学生课程信息构建个性化定制的图书馆网站,合理设计信息资源的有效路径,力图吸引读者关注,扩大图书馆在读者学习、生活中的影响力[88]。

7.3.3 个性化信息服务系统构建

1. 系统构建目标

在大数据环境下搭建出高校图书馆的个性化信息服务系统，最终目标是能够对互联网上用户会话信息、使用日志、搜索查询记录、图书馆使用记录、评论信息等进行深度挖掘，从而如实感知到用户变化的信息需求，这样才能够针对用户的真实信息情境开展有针对性的个性化信息服务。基于系统的搭建目的，系统的搭建目的是：在图书馆现有的及信息服务模式服务平台的前提上，将来自不同数据仓库中的相关记录整合起来，再进行 Web 数据挖掘，如实感知用户信息需求，从而展开有相对应个性化信息服务。

2．高校图书馆的个性化信息服务系统模型

对图书馆用户的行为数据进行实时跟踪，获得用户如实信息需求，涉及信息分析、数据规范化、信息推送，数据集合等功能。在大数据环境下高校图书馆个性化信息服务系统须包含数据规范化处理模块、信息分析模块、数据集成模块（含结构化数据分析模块、移动终端位置判定模块、互联网日志分析模块），信用户使用评价模块，息匹配模块，信息推送模块。

3．高校图书馆个性化信息服务系统模块的功能数据集成模块

高校师生的信息行为数据存储在图书馆不同的自动化系统中。数据集成模块用于链接多个数据源中的相关数据，如图书馆信息系统相关记录、学科信息服务平台信息、电子资源使用记录、网络日志等。对不同来源、不同格式、不同记录结构、不同含义的数据记录进行逻辑集中，为数据的标准化处理做好准备。

（1）数据规范化处理模块。

数据规范化处理模块用于对集成数据进行规范化，以满足数据挖掘算法的需求。数据规范化处理的工作流程如图 7.1 所示。

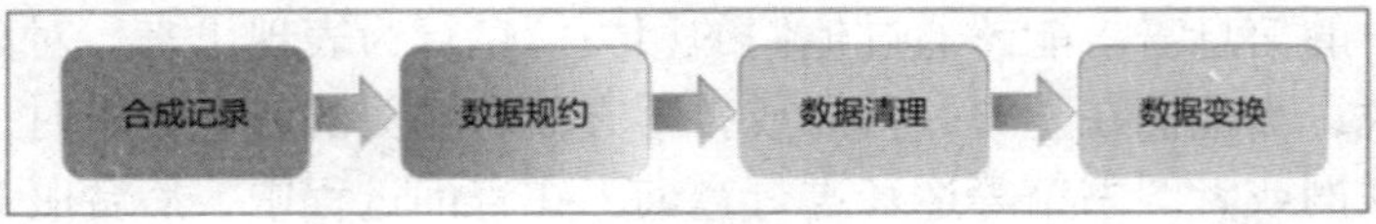

图 7.1　数据规范化处理流程图

第一，合成记录。图书馆使用的自动化系统由不同的软件开发人员提供。由于不同服务提供商之间缺乏沟通和协调，使得系统数据库中的数据字段具有不同的格式和含义。为了挖掘用户的信息行为，需要选择能够唯一识别用户的数据字段，从而有机地收集来自不同系统的用户行为数据。对于高校教师和学生，在使用图书馆资源时，必须通过以前的借书证。由于读取器号是唯一的，所以可以将读取器号作为连接标识符连接存储在不同数据库中的相关记录。

第二，数据规范。不同数据库或博客中的信息记录有不同的识别和记录方法。例如，读者信息数据库中的性别记录可以是“男性”或“女性”；

然而，校园网信息中心的用户博客中记录的信息可能是“男”或“女”，但它们实际上是相同的意思。使用数据规范函数对属性名称不同但含义相同的数据进行标准化，以减少数据的歧义，提高数据分析的准确性。

第三，数据清理。数据协议模块处理后，同一用户在不同数据库中的记录集中在同一个字段。其中一些字段值是重复的记录，因此应该保留一个属性值，并消除重复的属性值。部分数据不完整，对于缺失的数据信息，需要补充；部分数据有误，需要更正；有些值是真实的，需要离散化。数据清理模块主要用于清理噪声数据、污染数据、错误数据和不一致数据。

第四，数据转换。不同的数据分析和数据挖掘算法对数据有不同的要求。数据转换模块主要是通过平滑聚合和数据泛化，将数据转换成适合于数据挖掘算法的数据形式。

（2）信息分析模块。

当高校师生有信息需求时，有三种方法可以解决。一是通过互联网搜索引擎进行信息搜索；二是通过图书馆提供的相应服务；第三，通过移动互联网转向社交网络。对于这些信息资源利用方法，分别生成结构化信息、半结构化信息和非结构化信息。用户使用图书馆信息服务时，图书馆大多通过一定的技术手段如实记录用户的咨询内容和服务反馈。这些记录大多以标准形式存储在相应的数据仓库中，属于结构化数据分析模块的处理范畴。用户使用互联网搜索信息时，会在服务器日志文件中留下痕迹，对用户网络信息行为的相关分析属于互联网日志分析模块的功能范畴。当用户使用移动互联网，利用虚拟人际关系进行信息帮助时，其核心节点是：

第一，结构化信息分析模块。结构化信息具有标准化和固定的数据格式，该模块主要对数据规范化处理后的数据聚合数据进行数据挖掘操作，对数据挖掘后的相关数据采用分类与聚类处理，分析用户的信息行为，把用户划分为不同类数据粒度，以便识别相同用户信息需求和不同用户行为在不同时差下的相似信息。

第二，Internet 日志分析模块。Internet 日志准确记录了用户对 Web 服务器的访问。通过分析这些数据，可以准确快速地了解用户当前的信息需求。互联网日志分析模块由三个步骤组成。

图 7.2 互联网日志分析模块流程

数据处理模块主要用于对删除不必要的信息，识别用户身份，相关数据进行净化，以减少数据规模和系统响应延迟。在数据处理模块被数据处理之后，可以形成以下的用户访问日志（见表 7.1）。

表 7.1 用户访问日志

字段名	字段值（举例）	备注解析
1P	192. 168. XX. XXX	通过电脑 IP 定位用户
时间	3/29/2014	川户访问时间
访问页面	/books/27458.html	用户访问的页面信息
响应代码	200	用户访问页面时返回的状态码
访问频次	27	用户对某一页面的访问频次统计
所用时间	7M	用户端在相关页面停留时间
CRI 查询	XXXXXX	客户端搜索时所使用的字符串
Cookie	WWW	Cookie 中所记录的相关信息
办法	CET	用户端试图进行的操作

用户进行访问互联网信息时，大都不会通过网页上的链接功能访问该页面，而是通过浏览器的回退功能直接调用计算机中缓存的历史记录。路径补充模块的作用是为了识别用户当前页面信息的原始来源，从而找回丢失的用户访问路径。

网页的停留时间和访问频率对于判断用户的信息需求具有深远的影响意义。若用户长时间停留在一个页面或者经常访问一个页面上，这个页面可以认为是用户信息需求的集中反映。访问统计模块用于统计用户在不同时间段访问相关页面的频率，并填写用户访问日志表中的“访问频率字段”，为判断用户的信息需求提供决策参考。

第三，移动信息分析模块。随着智能 ipad、手机终端等移动设备的普及，高校师生通过移动终端获取信息资源已不足为奇。为改进服务模式，高校图书馆适时推出手持图书馆、微信、微博等服务模式。深度挖掘这些服务模式中积累的用户信息对于个性化信息服务的发展具有重要意义。移动信息分析模块用于挖掘用户的移动互联网浏览信息，获取用户的兴趣点、地理位置等信息行为特征，并根据用户的兴趣点实现用户移动终端的准确匹配与信息资源。

（3）信息匹配模块。

信息匹配模块中的高校图书馆工作人员在了解用户的实时信息需求后，利用馆藏资源和互联网信息资源制定不同的信息服务策略，满足用户的个性化信息需求。

（4）信息推送模块。

信息推送模块用于将目标信息推送给不同的用户。系统提供三种信息推送模式：第一，是在用户借阅相关书籍或使用电子资源时，自动向用户推荐数据挖掘中发现的其他用户的信息选择结果，从而推荐用户未发现的信息资源；第二，用户在使用图书馆微信、微博、主题服务时，会在第一时间进行数据分析结果并向用户推荐相关信息；第三，根据用户的移动终端类型和终端位置，及时推送用户订阅的相关信息。

（5）用户使用评价模块。

个性化信息服务系统通过大量的分析和数据挖掘，发现用户的行为意图，并将相关信息推送给用户。为了提高个性化信息服务的针对性和系统服务的准确性，用户在接收相关信息时，能够通过用户使用评估模块直接对接收到的信息进行评估，系统自动将用户的评价信息存储到后台的个性化信息服务数据库中。个性化信息服务数据库中的信息积累可以为高校图书馆工作人员今后修改数据挖掘算法提供参考，从而提高个性化信息服务系统的服务效果。

7.3.4 个性化信息服务系统应用

1．用户隐私权可能受损

个性化信息服务系统通过对用户信息行为数据的集成、分析、聚类、分类等相应处理，发现数据之间隐藏的用户信息特征。为了更好地获取用户的信息需求，系统实时监控用户信息行为的痕迹，这实际上增加了用户隐私受到威胁和侵犯的概率。为了保护用户的隐私权，在对用户的信息行为数据进行分析之前，必须获得用户的同意。同时，在数据分析前必须清理与用户隐私相关的数据，删除与个性化信息服务无关的数据，最大限度地避免对用户隐私权的损害。

2．数据来源的限制

只有当用户的信息行为数据具有一定的数据耦合度并达到一定的存储规模时，个性化信息分析系统才能对数据进行深入挖掘和分析，获得具有较高价值的用户信息需求特征。个性化信息服务系统的数据源大多局限于校园。校外用户的信息行为数据必须通过与电信运营商和移动服务提供商的沟通和协调来获取。数据源的局限性在一定程度上降低了用户信息行为特征识别的准确性。

7.4 高校图书馆嵌入式服务

随着现代信息社会和科学技术的不断发展，学科内部的团队合作和跨学科合作越来越明显，对其融合的要求也越来越高。在具体研究中，多学科文献资料的专业获取和综合分析成为研究常态[89]。以主要为科研教学机构提供文献和文献信息服务的高校图书馆，这些趋势，他们不得不思考如何顺应时代的要求，将图书馆服务的中心从以文献为中心转变为以用户为中心，在科研过程中无缝、动态、互动用户，为用户提供专业化、便捷化的服务。因此，能够满足上述需求、满足用户需求的嵌入式服务自创新应用以来，迅速受到国内外图书馆尤其是为科研提供信息保障的高校图书馆的青睐。

7.4.1 高校图书馆嵌入式服务内容

自 1993 年 Michel Bauwens 首次提出嵌入式概念以来，嵌入式在高校师生的教学科研信息服务中得到了动态的体现。进入新世纪以来，随着网络等现代信息技术的发展和信息获取的网络化、数字化趋势日益明显，嵌入式服务得到了迅速发展，特别是高校图书馆提供嵌入式服务已成为近年来国内外流行的一种主要的信息服务模式，并得到了各图书馆分会（IFLA）、美国图书图书馆协会（ALA）等图书馆组织的支持。例如，国际图联 2008 年社会科学图书馆学分会讨论的主题之一是“图书馆员角色的变化，学科馆员、嵌入式馆员等如何改变学术交流模式”。2011 年 ALA 的一个网络直播是关于嵌入的通过不同的方式和手段，将图书馆员嵌入到院系的物理空间和虚拟空间中，并有效地融入到相关的教学科研活动中。

国外很多制图员认为，图书馆的未来取决于馆员自身能力的转变，大卫·舒马克的书《嵌入式馆员》应该作为流动馆员。虚拟图书馆员、个人图书馆员、信息工作者和联络员作为离开办公桌并试图利用他们的个人关系和专业知识更好地为特定用户群体服务的图书馆员来实践嵌入式图书馆服务。通过嵌入物理空间，通过嵌入虚拟空间和组织空间，主动走出图书馆，改变图书馆只“存储”的知识管理模式，与“存储”相结合，更好地“利用”信息资源，重塑高校图书馆的“智库”价值。

图书馆的嵌入式服务是利用图书馆存储的知识为用户服务，从而实现向用户提供信息的能力和向用户提供知识的能力的转变。因此，在发展之初，许多图书馆员就认为嵌入式服务是未来高校图书馆信息服务的必然发展趋势。例如，美国嵌入式服务专家 Shumaker 就指出，从图书馆的参考服务向嵌入式图书馆员转变是非常必要的。这样理解的原因是用户具有不同的专业背景和学科需求，这使得高校图书馆员不仅在日常服务工作中积累和经验了图书馆信息服务所需要的信息检索、信息组织和信息分析的技能，而且熟悉和了解所面对的使用者的学科知识，在学科服务方面具有一定的优势。由于嵌入式服务可以提高资源的发现和利用，提高用户图书馆服务的满意度，世界各地的高校图书馆根据自身学科优势和特点，积极探索和实践嵌入式服务，倡导学科馆员走出图书馆，为用户提供跨时空的学科导航、信息咨询、科学、数据学科跟踪发现和管理等服务，促进学科馆员有机地融入师生的科研、学习和教学中。例如，亚利桑那健康科学图书馆组织嵌入式图书馆员为高校提供分布式服务；约翰霍普金斯大学韦尔奇医学图书馆的嵌入式信息专家项目为学生工作人员、和教师提供服务。早在 2006 年，中国科学院国家科学图书馆就提出了第二代学科馆员服务，即“人到一线，嵌入过程”的嵌入式服务模式。

7.4.2 高校图书馆嵌入式服务实践

20 世纪 90 年代，我国部分高校图书馆在借鉴国外嵌入式服务的基础上，开始尝试在教师教学科研项目中进行嵌入式服务。但当时由于技术、资源和服务体验等各种限制，开展的服务大多是基于学科资源服务和推送提供的学科服务，也不能称之为嵌入式服务，进入新世纪以来，我国开始对高校图书馆实行嵌入式真实服务，如 2006 年江西宜春学院图书馆在医学院临床专业 A 中对学生、教学为中心的教师、馆员的学科教育合作模式。2007 年，沈阳师范大学图书馆，将应用“问题解决图式 Big6”的信息嵌入到本科生和研究生的教学过程中，2008 年上海交通大学图书馆与课堂教师合作，将信息素养嵌入新课程的培养等。随着嵌入式服务在我国高校图书馆的深入发展，嵌入式服务的方式、模式和途径有很多种。国内学者对嵌入式服务的方式和模式进行了归纳和分类。根据嵌入式服务的不同目的和流程，笔者将其分为四类：嵌入科研项目的服务、嵌入日常教学活动的服务、嵌入日常学习活动的服务以及嵌入政府和社会组织的服务。

1．嵌入到师生科研项目活动中的服务

高校图书馆嵌入式服务的主要形式是嵌入科研项目活动的嵌入式服务。

具体而言，高校图书馆利用其丰富的专业服务优势和信息获取资源，使馆员能够参与用户的科研团队，从项目选题、开发、研究、管理、应用等各个环节提供全方位的知识和信息服务，结论、绩效转化和绩效评估。在科学研究过程中，图书馆员向研究人员提供国内外研究现状、研究背景等信息，不定期或定期提供同行的最新学术动态信息和研究进展，撰写学科领域的技术热点报告和专题研究报告，分析科研机构及其国际国内竞争对手的未来研发趋势、研发实力、研发产出，分析评价市场竞争力。如上海交通大学图书馆农业环境学科馆员范秀风老师积极嵌入到教师的科学研究过程，2011 年 1 月 12 日应邀参与上海交通大学农业与生物学院召开的“农业与生物学院科研项目申报工作会议”，并作了题为“科研课题申请前的文献调研和前沿跟踪”的讲座。

2. 嵌入到日常教学活动中的服务

高校图书馆是学生的第二课堂。除了提供信息资源外，它的功能之一是为学生提供信息素养教育，提高学生的阅读兴趣和技能。因此，除了向科研团队提供嵌入科研过程的服务外，将服务嵌入日常教学活动也是其嵌入服务的一个重要组成部分。国内高校图书馆嵌入日常教学活动的服务主要是将图书馆员作为教学助理嵌入用户教室或网络教学平台，将专业课程与信息素养有机结合，整合信息检索技能，将信息伦理和信息意识融入专业课程的教学内容，通过图书馆员和专业教师的合作，学生可以提高学生的自学能力，提高学生的信息素养能力，掌握专业课程的基本知识和科研创新能力。图书馆员负责制定信息素养课程的教学大纲和教学策略，收集有关大学生实践主题的相关信息，在测量技术研究前后和课程互换性对大学生信息素养能力进行测试分析，并根据测试分析结果为教育、科学和信息素养教学的改进提供参考建议。

3. 嵌入生活、学习里的服务

随着现代信息技术的发展和无处不在的知识环境的进一步深入，人们的信息需求和信息获取方式发生了巨大的变化。各种信息服务机构无处不在，服务无时无刻，这对图书馆作为传统的社会信息中心提出了挑战。为了迎接这一挑战，图书馆 24 小时自动借还机扩大了实物服务空间；通过移动图书馆和数字图书馆拓展网络服务空间；通过 Web2.0 技术和工具栏开发技术嵌入浏览器、手机、社交网络、用户电脑桌面等移动终端，实现面向用户日常生活和学习的嵌入式服务。例如，清华大学图书馆开发了“Lilbrary”

工具栏，北京大学图书馆开发了嵌入用户浏览器的 libx 工具栏。大学图书馆利用社交工具的开发接口，开发出了集成其核心社交功能和图书馆服务的专用工具。例如，清华大学图书馆在人人网开发出图书馆服务工具，功能包括：图书馆信息推送工具、图书搜索工具、教学日历、新书通告等，通过程序自动在该站点空间上推送信息和更新服务内容。围绕图书馆和专项培训等信息服务的最新发展发布了日志和记录，建立了以书为中心、以人为本的沟通与互动，通过投票、测试等有趣的应用，以及可预测、随机的奖励“留恋、忘返”，让用户了解图书馆，让图书馆服务无缝融入用户社交网络。

4．嵌入到政府及企业中的服务

大学图书馆是高校的文献信息中心，拥有大量的专业资源。同时，由于近年来高校图书馆学科服务的发展和积累，图书馆员不仅具有信息组织、信息检索等专业服务素养，而且具有深厚的专业学科知识。因此，大学图书馆在专业领域的信息服务方面也具有人才优势。随着高校图书馆向社会开放的推进，高校图书馆不仅向社会开放文献资源和学习空间，还结合岗位服务开展社会阅读推广等社会活动和服务。面向科研机构、企业和社会的嵌入式服务就是其中之一。高校图书馆向社会提供的嵌入式服务主要是根据用户需求提供专题报告。例如，2009 年，清华大学图书馆博士生与学科馆员合作，为北京某科研单位的太阳能新材料技术研究提供发展趋势研究报告和月度简报。

7.4.3 高校图书馆嵌入式服务发展趋势

1．服务更注重用户体验，服务体现出常态化、立体化趋势

学科馆员通过嵌入式服务将用户可能需要的信息知识推送到他们的生活、科研和学习中。从上面的例子可以知道，用户信息知识的获得是学科的馆员根据其学科背景、科研项目和选题进行分析的基础上的素养培养和信息推送，对于用户而言是被动的信息接收过程。毋庸置疑，这种针对性和信息丰富、专业性强的信息知识对用户来说是很有意义的。但因为用户信息接收方式、时间等个人偏好的不同，图书馆完全遵循自己的服务模式，为用户提供早已设计好的服务模式的数据产品，使得用户的感受和体验无法在服务中得到反馈和体现，这与图书馆越来越强调用户体验的服务理念背道而驰。因此能够预测，今后嵌入式服务的体验和模式达到更深更高的

层次，以用户体验为中心的嵌入式服务将是图书馆服务的发展趋势之一。此外，随着大数据时代的发展，用户需求向学科化、知识化、差异化方向的发展，图书馆的嵌入式服务将处于常态化、立体化的发展状态，从而在泛在知识环境下可以随时随地以任何方式获取所需信息。

2. 技术在服务中将发挥更大的作用

技术的出现、应用和发展总是加速社会的进步。图书馆一直是善于利用信息技术的社会机构。从 20 世纪 70 年代的 Marc 到本世纪末的元数据，再到如今的云计算和大数据，图书馆在探索中总能找到将其应用于读者服务的方式方法，而每一项新技术的出现都能提升图书馆服务模式。对于嵌入式服务，现在最早将学科馆员嵌入科研团队。教师在课堂和其他环境中提供相应的信息知识，之后，通过工具插件将它们嵌入到用户的桌面浏览器和社交网络中，通过用户交互会话的和信息定制实现嵌入式信息推送服务。大数据时代的到来，促使该技术在嵌入式服务中变得至关重要。将基于信息数据挖掘、数据分析和知识发现的大数据技术应用于用户服务，通过挖掘和分析丰富的用户信息行为等数据，实现用户可能需要的知识的深度披露和提供。

随着大数据时代的到来，数据类型将更加多样化，数据量将更加丰富。数据和真相的分析和理解需要管理平台和技术的保障。因此，在知识环境中查找所需信息变得更加困难。图书馆需要通过系统集成、服务集成、团队合作等方式，改变内容对象和服务方式，采用开放式服务模式，利用和协调各种资源、技术、知识和人员，融入用户学习、工作和生活的物理空间、虚拟空间、社会网络和组织，嵌入用户教育、科研和决策过程，并提供一些主动服务。

7.5 高校图书馆知识服务

7.5.1 高校图书馆咨询服务新模式

（一）知识咨询服务：不同于传统咨询服务的创新服务

与参考咨询、信息咨询相比，在许多方面存在差异：首先，从定义上看，知识咨询是针对用户在工作、学习、生活中的知识选择、吸收和利用需求，以图书馆员的图书馆学、情报学、信息学等专业知识为基础，利用先进技术提取、组织和优化相关信息，融入用户知识获取的全过程，为用户决策和创新提供丰富的知识和有效的答案；参考咨询是图书馆员根据用户需求收集、检索、揭示、传递和提供知识产品的过程；信息咨询是为用户提供相关数据和资料的服务过程。其次，从服务专业化和知识水平的角度来看，参考咨询和信息咨询仅限于能够提供的数据或信息，而知识咨询更注重是否能够提供解决用户问题的知识。第三，从服务类型来看，知识咨询服务可以通过参考咨询和信息咨询服务提供，如向用户提供结构化（或标准化）的文献信息、数据和线索，或向用户提供具有一定数据分析和处理的知识产品。然而，知识咨询服务更注重用户的专业化、知识化和个性化需求，提供解决用户实际问题的知识，以及与用户合作创造的知识服务和面向用户的知识管理。

（二）知识咨询服务：大数据时代图书馆知识服务的主要手段和方式

在大数据时代下，竞争力和信息资源的服务不再是信息资源的数量和范围，而是信息资源和服务的知识化、信息化程度、信息数据的分析和组织以及基于知识的创新竞争。产品和服务的最大价值判断标准是隐藏的信息和知识的内容，从而提高产品的信息化和知识化，寻找隐藏在事物表象背后的本质已成为市场竞争的主要手段。图书馆界敏锐地看到了社会的发展和服务需求的变化，从原始的资源依赖型、劳动密集型服务向知识服务和信息服务转变。21 世纪初，国内外图书馆积极探索知识服务。到目前为止，已经形成了比较完整的图书馆知识服务体系，并产生了大量个性化、专业化、团队创新的服务方式和模式。其中，基于内容分析的知识咨询服务与知识服务完美融合，将成为大数据时代图书馆的咨询服务模式。

7.5.2 高校图书馆知识咨询服务新机遇

大数据引领我们进入一个通过对密集型数据进行相关挖掘、处理和分析来促进社会创新和发展的时代。随着大数据分析的数据处理服务的成熟和普及，将为高校图书馆的知识咨询服务带来新的发展机会。

1. 大数据为知识咨询服务带来了更加多样的数据资源

随着大数据时代的来临，海量的非结构化数据涌现出来。半结构化数据也慢慢进入了大家的视线中，在 IDC 的《数字宇宙》研究报告中说到，2011 年全球被创建的数据总量为 1.8ZB。数据显示，2020 年，全球数据量达到了 60ZB，预计 2025 年全球数据量将达到 175ZB，这是一个非常惊人的数字，也是一个非常惊人的发展速度。在另一则统计数据中显示，全世界结构化数据的年增长率大约是 32%，而非结构化数据年增长率更是到达了 63%，目前，非结构化数据已经占互联网所有数据量的 80%以上。这些消息都说明了一个事实，海量的社交数据，信息行为数据，赛事数据，生活购物等结构化数据，还有非结构化数据、半结构化数据和、都会被记录、存储起来、并被分析和利用。在当今信息科技迅速发展的时代，无论是数据的数量还是数据的类型都将得到惊人的提升。

2．大数据为知识咨询服务带来了更加专业的数据分析技术

信息科技时代大量数据的生成，让方差分析、矩阵分析、数值分析、判别分析、泛函分析等数据分析理论得到了非常大的应用空间和发展，于此同时也被图书馆等情报服务机构将它和计算机科学与技术如数据挖掘、机器学习模型、仿真模型、神经网络模型分析等有机结合到一起并运用到了网站链接，如可视化图谱、科技发展态势监测、学科优势分析、国家竞争力分析等多个领域。但是如果具体的去分析这些理论和技术，就会发现它们都是基于大量、有序的结构化数据来处理分析实现的。但是真实世界中，更多的是无结构化数据，所以它很难从真实发生而又未被记录的数据中去发掘更多更深的信息，从而得到能够揭示事物的发展实质和发展规律的知识。大数据时代的来临就为这一个难题提供解决的方案，通过高速的捕捉，发掘和分析更多的支撑和变化，比如在现状被广泛关注和应用的非关系型数据库技术 NoSQL 和分布式系统基础架构 Hadoop 等大数据技术。

3．大数据为知识咨询服务带来了新的解决问题思维方式

无论是传统的参考咨询、知识咨询还是信息咨询，一般的服务思维都是出现问题－逻辑分析－找出因果关系－提出解决方案，然后用户的问题得以成功的解决，可称之为逆向思维模式。但是根据大数据的战略，基于海量大数据的知识咨询流程一般是：收集数据－量化分析－找出相互关系－提出优化方案，可以使用户的问题解决方案从成功跃至卓越，称之为正向思维模式。这种解决问题的思维方式的变化将为大部分图书馆的知识咨询服务带来更多的发展机遇，也同样可以引入其他的服务。IBM 与美国孟菲斯警察局合作的“利用数据历史减少犯罪”项目就是一个很好的例证。该项目通过对海量的数据进行软件分析，发现了强奸案和户外付费电话之间存在着较强的关联关系，因此，警方决定将付费电

话转移至室内，这使得强奸案的发案率降低了 30%。

4. 大数据为知识咨询服务提供了广阔的合作视野

知识咨询服务与传统的信息咨询、参考咨询最大的区别就是知识咨询服务更关注用户的需求，然后去寻求解决用户疑问的知识服务。这种服务需要以专业的知识组织、知识发现等专业要求去完成，另一方面也需要海量的相关信息、数据去支撑，然而这些、信息的组成非常可能是某一专业领域的，也可能是多专业领域、跨专业领域的；这些信息数据有可能是由一个信息机构所拥有的，也可能是由多个信息机构共同拥有的。这种特征在当前信息时代十分明显，而在大数据时代也将更加显现，这就为图书馆带来了一个非常巨大的发展机会。如果从局部上看，图书馆上的一些资源会因为这样的特点而更加具有优势；从整体上来看，数据将更加开放、在多学科的联系上也会更加密切，将为图书馆和一些服务机构的多领域、高层次的合作注入更加澎湃的动力。

《分析：大数据在现实世界中的应用》由 IBM 商业价值研究院与牛津大学赛德商学院共同制定。通过对全球 95 个国家，26 个行业的，1 144 名业务人员和 IT 专业人士广泛调研，和对 20 多名学者、业务主题专家和企业高管进行采访，为更深入了解大数据市场趋势、更准确衡量当前的大数据收益程度给出了建设性的指导。调研白皮书结果显示：推动大数据快速发展的五大驱动原因中，数据资源将会是大数据时代发展各个有关业务的关键驱动原因之一。与此同时，“2012 年 IDC 亚太区大数据高峰论坛”及其与会者的最新的调研成果《中国大数据技术与服务市场 2012-2016 年预测与分析》认为“大数据有关人才的缺少会将成为影响大数据市场快速发展的一个关键因素”。虽然说影响大数据时代图书馆知识服务发展的因素有很多，但人才建设和数据资源将是最主要和最关键的两大因素。

1. 数据资源建设

大数据时代的来临使得数据成为了许多机构、企业乃至政府所重视的资源。2012 年 1 月、瑞士达沃斯论坛发布的《大数据、大影响》报告形象地将数据称为社会的“黄金”和“金矿”，另外，一些 IT 发达的国家如美国、印度等近期出现了一批以数据的获取、聚合、加工为盈利手段的企业，由此我们可以看出大数据的资源价值和重要性。图书馆的知识咨询服务中的数据挖掘、数据处理和数据分析等大数据技术的实现需要海量的大数据资源支持，然而这些数据可能是已经存在于图书馆数据库中的书目信息、电子图书等结构化数据，也可能是用户在图书馆的借阅行为、阅读习惯、阅读书的种类等非结构化数据，更可能是在其他社会场所如社会服务中心、商业中心、家庭生活、工作空间和娱乐中心等的行为信息数据。国际数据公司(IDC)研究报告称:2021年全球被创建和被复制的数据总量超过1.8ZB，且增长趋势遵循新摩尔定律（全球数据量大约每两年就会增长一番），2021年世界上的数据总量达到惊人的35ZB。与此同时，数据复杂性也急剧增长，其多样性、低价值密度、实时性等复杂特征日益显著。在新增数据中，90%以上属于传统技术难以处理和分析的非结构化数据，如音视频、文字、图片、网页访问记录等。所以，图书馆应该认清数据在知识服务中，特别是在知识咨询中的关键性。图书馆要提高数据收集意识，并通过对现存数据进行处理、分析、加工、重组，把海量随机的、分散的、无序的信息转换为规律的、集中的、有序的数据，以为将来的要提供知识咨询等服务提供坚实的数据保障。

由于当前图书馆的数据资源类型比较单一，特别是隐藏着巨大价值的非结构化数据收集基本上是空白的。图书馆在数据资源的今后建设中，需要特别重视非结构化数据的收集与保存，从而满足用户个性化、多样化的知识需求。比如美国国会图书馆的“美利坚记忆”，收集整理了海报、乐谱、照片、视频、语音、手稿、地图等记载美国历史文化特色的馆藏资源。又比如藏书流通率和馆内布局的关系，表面上看起来毫不相关的两件事情，但是通过大数据分析，却能量化并预测用户的借阅行为。因此，只有将非结构化数据与结构化数据加以综合收集、处理、分析，知识咨询服务才更好的满足用户的需求，并创造出真正的价值。令人欣喜的是，2005年10月，由国家图书馆主持建设的国家数字图书馆工程获得国务院批准开始建设，工程明确提出了建设世界上最大的中文数字信息保存基地和中文数字信息服务基地的目标。目前国家图书馆正在进行一期维修升级改造，建成之后的数字图书馆的非结构化数据存储量将会达到800TB左右。这说明我国图书馆界已认识到非结构化数据带给图书馆的价值与机遇，并已开始了其的收集与丰富工作。

2．人才培养

随着大数据时代的到来，大数据技术和服务市场取得了前所未有的发展，社会对具有统计学、业务分析、自然语言处理、数学、数据分析等多学科知识背景的数据工作者的需求日益旺盛。2016-2020年我国大数据产业规模逐渐增长，2020年大数据产业规模超1.1万亿元。中国商业研究院预测，2022 年中国大数据产业规模将达 14 224 亿元。与此同时，具有“深度分析”经验的员工和精通数据的经理需求节节攀高，缺口达百万。许多数据表明，这样的工人是稀缺的。例如，国际知名研究咨询机构 Gartner 认为，只有三分之一的新职位能够聘用熟悉大数据技能的 IT 专业人士。在大数据时代，信息咨询的知识咨询应嵌入到用户的科技创新、管理决策、教学科研等社会行为的全过程，提供以智能化应用为特征的深度知识服务、知识和工具。这就需要咨询馆员拥有一定的素质、技能和知识结构。IT 巨头眼中的数据工作者和数据科学家几乎是一样的。因为在大数据时代，图书馆知识咨询馆员不仅要掌握信息组织、信息分析、信息检索的基本素养以及嵌入式服务、嵌入学科服务等咨询服务所必需的相关平台和工具的使用，还要掌握大数据环境下的数据组织、数据挖掘等大数据技能与知识。

英特尔中国研究院总工程师吴甘沙也认为，大数据其中最重要的部分是数据分析和数据挖掘，这需要综合掌握机器学习、数学、统计学等知识。此可见，在大数据时代，知识咨询馆员不仅需要具备传统咨询馆员的基本素养，更需要具备能够对数据进行预测性和有价值分析的初级素养。这是因为大数据的核心技术是机器学习和知识图谱，它们介于基础设施和应用之间。例如，以谷歌为代表的大数据应用的发展方向是由搜索团队负责的机器学习和知识图。正是因为大数据的业务特点，企业最需要两类人才：综合型人才和技术型专家。然而，图书馆更需要的是第一类人才，因为图书馆知识咨询馆员不仅要了解图书馆的相关服务知识，还要了解所服务的用户的学科背景，更重要的是要了解大数据技术的各个方面，从而从全面的角度制定切实可行的解决方案。

在人才培养方面，一些互联网公司已经意识到大数据人才的短缺，并成立了专门的数据科学家团队，但就图书馆而言，它们与专业的数据处理公司有着密切的关系，通过委托培养人才的方式合作使用成熟的产品和技术，是高校较为现实的选择。此外，一些高校和企业联合开展大数据教育模式，也为图书馆的大数据人才培养途径提供了借鉴和捷径。例如，北京航空航天大学计算机与软件学院与淘宝、百度、腾讯等领头企业合作，共同建立了国内首个大数据专业工程硕士培养项目。美国伊利诺伊州立大学、北卡罗来纳州立大学、亚利桑那州立大学学、密歇根州立大等也开设了与大数据相关的研究方向课程。例如，亚利桑那州立大学围绕元数据、数字格式和数据迁移等主题设立了数字收集课程。伊利诺伊大学香槟分校（University of Illinois at urbana-champae）已经设立了一个数据监控方向的硕士学位教育项目。

面对现今大数据的到来以及与之相关的技术的应用，将使得多结构、海量、复杂的数据即时获取。深度挖掘与精确分析将成为现实。为图书馆等信息服务机构的服务理念、服务手段，服务基础、服务管理、服务载体、服务思维等带来改变与支持，这将使得国内外图书馆正在兴起的知识服务提供更多的增长点，其中主要的增长点之一就是基于大数据分析支持的知识咨询。但是像云计算等技术、Web 2.0 这些技术，任何一种技术都是一把双刃剑，大数据为图书馆提供了全新的方法和技术、理念和平台使得人们通过数据来整合、数据挖掘以及数据分析，从而揭示了数据其内在的价值，这在实现价值的同时，也给图书馆造成了更多的问题。例如大数据在应用时将数据往创新型、密集型发展的过程，每一位用户的隐私也都公之于众。央视曾在 315 晚会上曝光过 Cookies 偷窥用户隐私的行为，那是一起大型大数据隐私泄漏事件。从而我们可以看出，图书馆这样的社会服务机构，在顺应时代发展的同时，也应当把解决刺裂问题作为首位。

7.6　高校图书馆阅读推广

图书馆学界著名学者范并思认为，高校的图书馆应当把阅读推广活动视为图书馆今后发展的主要核心。通过推动大学生阅读，让学生把阅读当成自己的爱好，从而使他们拥有正确人生价值观、世界观、价值观，使他们拥有更加健全的品质与人格。在高校进行阅读推广活动中，利益相关者如果能够充分发挥自身的作用，将会使整个阅读推广体系更健全，更有效、更丰富[90]。

1963 年斯坦福大学曾对“利益相关者”进行了定义——利益相关者是指若失去其支持则使得组织无法生存的团体。在这之后瑞安曼又对“利益相关者”进行了更加详细的定义——利益相关者通过企业来实现其目标，同时也对企业实现目标产生影响。直到现在，对社会影响最大的还是美国学者弗里曼在 1984 年写的著作《战略管理：利益相关者管理的分析方法》中提出的观点——所谓利益相关者，是指能够对组织目标的实现产生影响，或者受到组织目标影响的个人或者群体。这些利益相关者的定义说明了集团或者集体应当寻求利益最大化而不只是利益的本身，更应该是集团和集体的共同利益，这恰恰和集团的发展不谋而合。

7.6.1 高校图书馆用户

高等院校是一个利益者相关组织，高校图书馆作为高校的子组织，它的利益相关者则是那些可以让图书馆发展与运作的组织与个人。高校图书馆的利益相关者包括图书馆员工、管理部门、读者、资源商、学校其他部门、社会捐助方、媒体等其他机构。这些利益相关者可以分为直接相关层，兄弟伙伴层、资助层、其他层四层。直接相关层，包括了和图书馆事物相关的管理部门、资源商、读者等。读者对图书馆的使用状况直接决定了图书馆的资源建设方向和发展目标，所以，读者是图书馆核心的利益相关者。虽然目前读者能够直接参与图书馆管理的途径较少，但是读者参与图书馆管理非常有必要。图书馆员工包括图书馆各个部门的工作人员，图书馆员工是图书馆建设和服务的主体，在大数据环境下，图书馆员工更应该具有连接信息资源和读者的能力。资源商是图书馆提供电子资源和纸质资源等其他资源的杂志社、出版社、电子数据商等，以上资源商为图书馆提供的资源数量与资源种类决定了读者们可以从中获得的信息与知识的宽度和广度。管理部门包括了高校管理图书馆工作的财务与基建部门等，以上部门可以决定图书馆的资金和馆舍的大小与位置，间接决定图书馆的舒适性和图书馆购买资源的实效性和全面性。

兄弟伙伴层包括学校其他部门和其他图书馆等，其他部门则指的是和图书馆工作没有直接联系的部门，这些部门虽然不直接决定图书馆的各项资源，但是能够和图书馆进行合作，例如一起举办阅读活动，从而提高图书馆的利用率。其他图书馆则是指公共图书馆和其他院校图书馆等，通过与兄弟图书馆的合作，一起分享服务与资源，有利于图书馆的发展。

资助层是指为图书馆提供资助和捐助的集体或个人，资助方为图书馆提供资金或者实物捐助，有效地补充高校图书馆在财政方面的不足。

其他层则是指与图书馆工作相关的其他集体或个人，包括媒体等相关机构。

7.6.2 国内外高校图书馆阅读推广活动

（一）国内高校图书馆阅读推广活动

国内高校图书馆开展了各种各样的阅读推广活动和读书项目，这些活动主要集中在图书馆主导的一些传统的服务项目上，包括讲座、刊物出版、阅读活动等。

（1）新书/好书推广赏析讲座。许多高校图书馆都开展了新书/好书推广、推荐和赏析的讲座，为读者提供新书资讯。有些高校图书馆会不定期开展相关讲座，邀请图书作者或专家为读者介绍和鉴赏好书。有些高校图书馆还会通过这种方式推荐一些好的影视作品。

（2）导读刊物。其中高校也为读者们编制其导读刊物，这些导读刊物可以帮助图书馆工作人员与读者、读者与读者进行交流。导读刊物的内容不仅仅只限于原创文章与分享经典小故事，还应添加发表读后感以及好书推荐等。

（3）特色阅读活动。高校图书馆根据自己学校和地域特色，开展特色阅读活动，例如根据内容定的“红色阅读”，集中推广爱国爱党书籍；根据对象定的“亲子阅读”，主要鼓励教职工与孩子共同阅读；根据时间定的“睡前半小时阅读”，主要倡导读者每天开展一定的阅读。

（4）阅读日/阅读月活动。高校图书馆在特定的时间开展阅读日或者阅读月的活动，例如：利用4月23日的世界阅读日来在全校举办读书文化日，引导图书馆读者以书为友、培养自身优质的读书习惯。

（5）结合网络技术的阅读推广活动。众多的高校图书馆开始设立图书馆官方微博与公众号，用户可以在网上进行图书阅读推广活动，此外，不乏有一些开发出了移动图书馆 APP，读者们可以更加便捷的使用移动终端进行电子阅读。

（二）国外高校图书馆阅读推广活动

国外高校图书馆在阅读推广活动方面，除了开展与国内类似的常规活动外，还有一些特色创新活动，主要有：

（1）鼓励电子阅读。目前电子化阅读非常流行，国外有些高校图书馆专门建立了电子阅读室，让读者在图书馆享受到丰富多彩的电子化阅读。例如美国北卡罗来纳州立大学有专门的学习共享空间，在这个空间里有多种先进的多媒体设备，包括触屏阅读机，影视墙，电子报纸等，很好地弥补了传统纸本图书阅读的不足，满足了网络时代读者的阅读需求。

（2）读书认证机制。国外不少高校图书馆有设计自己的读书认证机制，学生必须完成阅读和参加读书活动数量达到指标才能被允许毕业。这些高校与之设立了相对应的阅读推广机构，对毕业阅读认证进行运作。例如江原大学设立了毕业资格认证运营委员会，负责出台相关政策、推荐图书、举办活动、开展考试和宣传等。

7.6.3 高校图书馆阅读推广策略

目前，伴随着网络上、现实中数量巨大、类型众多、结构复杂的各种大数据，构成了大数据环境。大数据环境下的高校图书馆阅读推广活动不应该仅仅由图书馆主导。除了图书馆本身，其他的利益相关者包括资源商、兄弟部门等也都是阅读推广的受益者。因此，高校图书馆在开展阅读推广时，应该与利益相关者进行合作，或者直接由高校图书馆的利益相关者牵头开展一系列阅读推广活动。

（一）读者开展的阅读推广活动

高校图书馆开展的阅读推广活动针对的读者对象需要在所有阅读推广活动中承担重要的角色，除此之外，读者也可以发挥自身能动性，积极参与到阅读推广活动中去，读者也需积极参与志愿活动中去，利用目前的大数据环境，在现今的各大社交平台上分享阅读推广活动；也可能帮助进行口碑影响，在读者之间宣传阅读推广。图书馆也需要呼吁读者自创阅读推广活动，在自己的社交平台上发挥自己的聪明才智。

（1）图书馆员工开展的阅读推广活动。图书馆员工是高校阅读推广的主体，在保持现有的、常规的阅读推广活动外，高校图书馆员工应该加强交流和学习，开展更为丰富多彩的阅读推广活动。主要措施可以分为硬件和软件两个方面：硬件方面，高校图书馆员工应该为图书馆用户提供良好的阅读环境，包括富有文化气息的桌椅书架，先进便捷的阅读设备、温馨的装修装饰等；软件方面，高校图书馆员工应广泛开展各种阅读推广活动，例如针对特定的节假日开展主题阅读活动，例如在端午节举行屈原作品品鉴会、国庆节举行爱国作品茶话会等。

（2）资源商开展的阅读推广活动。高校图书馆的资源商在一定程度上可以为图书阅读活动提供资金帮助，为其他活动提供奖品等。资源商也可以作为活动的主办者，开展一些阅读推广活动。例如超星等电子资源提供商可以开展读书大赛，鼓励高校大学生阅读电子书，并根据大学生阅读的数量进行评比和奖励；CNKI 可以根据其收集的用户使用大数据进行用户行为分析，从而为用户推送针对性的资料；新华书店等纸质书商可以在校园里开展签售会，读后感征文比赛等，鼓励大学生阅读。

（二）兄弟伙伴层阅读推广活动

（1）高校其他部门开展的阅读推广活动。高校里的其他部门包括各院系，各职能部门等，以上部门不仅可以能帮助图书馆进行阅读推广活动，还可以自己举办一些阅读推广活动，让全校师生感受到丰富的书香文化；院系可以举办某一学科的图书阅读月，在这一个月大力推荐该学科名著，帮助学生提高专业素养。

（2）其他图书馆开展的阅读推广活动。其他图书馆也包括了公共图书馆与其他的院校图书馆以及各种机构的图书馆等，这些图书馆在进行阅读推广活动时，可以提高该图书馆的图书利用率和该机构的知名度。比如其中的公共图书馆可为高校的师生提供无押金办理借书卡的服务，大程度的激励师生在图书馆内使用和阅读书籍，这样不仅可以解决高校图书馆补充资源不足的问题，也使得公共图书馆发挥更大作用。

（三）资助层阅读推广活动

资助层除了在图书馆开展阅读推广活动方面进行资助之外，还可以开展以资助方命名的阅读推广活动。例如一些知名人士为高校师生免费发放资助者的传记，鼓励高校图书馆用户学习名人精神和力量，同时也可以提高资助方的知名度。

（四）其他层阅读推广活动

其他层包括媒体、社区等各种与高校图书馆有关的群体，以上群体承担着高校图书馆的利益相关者的角色，同时也为高校图书馆阅读推广的受益者和参与者。媒体可以在高校内的图书馆内向老师与学生推广自己的产品，也可以利用高校阅读活动开展宣传。社区可以与高校图书馆结合，倡导社区居民与高校师生一起共享阅读，也可以邀请高校图书馆员工、用户参与到社区图书馆建设和文化氛围塑造中，打造学习型，阅读型社区。

各高等院校的工作主题永远是阅读与推广，阅读推广不仅仅能够为读者提供知识，与高等院校利益相关的人也能得到些许益处。在阅读缺失的年代，这些利益相关者们，应该站在共赢的视角上，转变传统的观念，积极共同努力，引导高校图书馆用户开展阅读、关注阅读，打造书香校园、书香社会。

第 8 章　大数据时代图书馆信息创新服务应用案例

8.1　大数据在图书馆自助服务与移动服务中的应用

8.1.1 RFID 在图书馆的应用

RFID（Radio Frequency Idenlificalion），也叫无线射频技术，它是一种自动识别技术，于 20 世纪 90 年代出现，这种自动识别技术可以自动标识图标，同时获得相关的数据，因此 RFID 在当时也被称为 21 世纪发展物联网和实现“智慧地球”的主要驱动力，在图书馆领域与其他各领域，在全球范围内取得了快速发展和广泛应用。RFID 通过与图书馆集成系统相结合，形成了能够将图书自助借还、快速采集和智能盘点等功能于一体的新系统。RFID 系统给图书馆的服务方式和服务模式带来了巨大的历史变革，极大的提高了图书馆的服务效率和工作效率。

RFID 发展至今已有 13 年历史了，并充分应用在图书馆的各个方面。RFID 系统于 1998 年首次被位于新加坡的 Bukit Batok 社区图书馆应用。随后各国各地区也开始大规模使用 RFID 系统。据统计，在 2005 年，全球采用 RFID 系统的规模约有 440 家，到 2007 年增加到了 2 000 家，并且以 30%的速度在逐年增加。在当时，美国采用 RFID 系统的数量居世界第一，其次是日本和英国，在新加坡等地也有许多的应用案例。而在我国，RFID 系统应用在图书馆中起步较晚。首次应用是在 2006 年 2 月，集美大学将 RFID 技术与图书集成系统结合，研发了 RFID 图书馆智能馆藏系统，随后国家图书馆以及多地图书馆也相继实施这一套系统。这些案例的实施成功，说明 RFID 的应用在我国已经产生了良好的示范效应。据笔者不完全统计，2011 年至今，国内 RFID 的应用案例以及对 RFID 系统已招标的图书馆的数量已经有六十多家。在北京，国家图书馆、首都图书馆、朝阳区图书馆、北京师范大学等图书馆都已经应用了 RFID 系统。我国约有 1.5 万个图书馆，但 RFID 应用不多，RFID 技术的发展在未来还有很大的进步空间[91]。

8.1.2 图书馆的移动服务

目前世界正处于“大数据时代”，正是在此背景下，图书馆通过结合可视化技术，把图书馆移动信息数据服务系统中的各种信息、资料和数据通过可视化，更加直观、便捷地呈现给用户，方便用户浏览信息和查询数据、资料。可视化技术主要是对非结构数据和半结构数据进行可视化处理，实现与用户群体之间的无障碍交流、沟通，也能直接的向用户展示他们反馈后的处理结果，通过技术接受模型来研究图书馆员对移动服务的态度从而增进他们对移动技术的兴趣，改善他们对图书馆移动服务的看法，从而提升他们的移动服务能力和水平[92]。

这些年来，我国移动设备技术以及移动网络技术都在进步，移动图书馆因此也在迅速发展。据统计，在全国 108 家高校图书馆中，有 67% 的图书馆为用户提供移动信息服务，66 家图书馆提供移动网站服务，还有一些提供 SMS 短信和 MMS 彩信服务。国家图书馆、清华大学图书馆等 10 多家图书馆在苹果商店中上架了自己的移动图书馆的 APP。目前，移动图书馆主要的服务模式有五种：微信服务模式、网站服务模式、APP 服务模式、短信和彩信服务模式。

北京大学图书馆一直致力于追踪信息环境和用户需求的变迁，自 2005 年开始对移动服务进行探索与实践。随着移动技术的发展，手机 APP、终端也逐渐的走向智能化、多样化，2009 年北京大学图书馆开始着手于手机端的移动服务的适用性评估，并开始研究和审视移动服务。北大图书馆认为，手持终端将在移动技术迅速发展时，对读者研读的方式和习惯产生巨大改变。在互联网发展、进步的浪潮中，网络将会变为可随意移动且在任何时间、地点都可以有移动终端所连接的网络，并且被广泛应用；在未来，通过这种新的终端去访问图书馆的资源和信息的人群将会逐年增加，有可能将超过通过电脑去访问图书馆的读者数；读者的阅读行为已经在由传统的去图书馆阅读向数字阅读逐渐转变，数字阅读的“多样化”“在线”和“小众化”的趋势又是愈发明显。基于上述环境的变化，移动终端由于其多元性和移动图书馆的多样性，“短信服务”或“手机图书馆”等已经不能完全承载和概括图书馆移动服务的全貌，其概念也在慢慢走向成熟。

北大移动图书馆在及时性服务方面提供了一系列的服务，借阅查询、预约、借阅记录、查看全文、短信提醒等。读者也可以通过云笔记、文献标注、书签、论文索引、期刊索引、热门推荐等功能进行交互式服务，读者可以对自己手机终端的移动图书馆进行个性化操作，显示设置、浏览历史、收藏夹等功能。

北大移动图书馆于 2011 年 7 月 1 日开始运行，到 2013 年 1 月 31 日时，该平台已经有 17 729 位注册用户，其短信推送服务已经向用户推送短信 256 395 条，总访问量达 1 477 504 次，交互类服务共为用户提供 218 272 次服务，服务效果达到预期。目前，北大移动图书馆系统平台在界面和功能方面已经基本满足北大图书馆所要求的设计目标：将信息资源与移动服务深度结合，读者与图书馆工作人员和图书馆各种资源高度交互，将图书馆尽可能多的资源变成数字资源，通过移动终端使用这种图书馆资源以及服务。

8.1.3 手机二维码在图书馆的应用

二维码是近几年来，移动终端上一种新型编码方式，是一种全新的信息存储和识别技术，广泛应用于世界许多国家。在我国，二维码已经广泛运用在人们的日常生活中，如购买商品、个人账号登录、防伪、网站跳转等方方面面。在国外，二维码也被应用在部门管理、报纸杂志、宣传单等标识上。

（一）手机二维码在日本图书馆中的应用

日本的富山大学图书馆在 2000 年 9 月研发了手机书目查询系统（OPAC），东京大学图书馆 2001 年 5 月也开通了 OPAC，并在此基础上支持用二维码进入移动图书馆、预约、续借、最新动态消息通知等。目前，日本的绝大部分大学图书馆以及公立的图书馆，都开发了专门供手机用户登录的网页，用户可以通过扫描网页的二维码登录到用户的个人图书馆，而不需要再去输入其他的信息。在日本，所有的图书馆中的书籍都会在书底印着二维码，用户可以通过扫描二维码快速了解书里的各种信息：作者简介、书籍概要、出版商和出版日期等内容，也可以在借阅机器上扫描该二维码借阅书籍。在日本最方便的就是在很多公共场所也设有还书机器，用户可以通过机器扫描自己的移动图书馆二维码，再将书籍放入机器中就可以完成还书。

对日本学生而言，二维码对他们的学习生活也提供了很大的帮助，可以通过二维码查询自己的学业情况、请假申请、奖学金申请等，还可以通过扫描讲座宣传单上的二维码来预约。

（二）手机二维码在韩国图书馆中的应用

目前，韩国图书馆真正将手机二维码应用在了阅读中，使得阅读变得移动化和无边际化。在韩国图书馆，手机的二维码赢得了广泛的应用，许多百年历史的大学因此注入了现代化的气息。图书馆门口会放置二维码读码器来管理图书馆的出入情况，当读者进入图书馆时，可以通过手机上个人信息的二维码给读码器识别，就可以将个人信息转到计算机数据库中进行识别，极大的方便了对进出图书馆人员的管理，并且该过程只需要几秒钟。

图书馆计算机系统也连接到读码器，其中包括了借阅系统，学生使用手机的二维码进行身份识别，以便在计算机上查看他们的图书借阅情况，包括借过的书名、到期时间和其他信息的情况都十分清晰，并简化了繁重的手动输入查询这些情况。借阅室内也在广泛地应用二维码，学生扫描存储自己信息的二维码后，可以了解当前借阅室的当前情况，不同的阅览室的定位和剩余的座位。通过了解这些信息，学生可以决定选择哪间阅览室。在韩国的大学，为了消除学生为没到课堂的学生假冒点到这一行为，学校使用了在教室上课时学生都要在进入教室前扫描二维码或磁卡这一方法，将每个学生的个人信息与二维码、磁卡等信息存储在一起，那么教师可以根据这些信息知道学生是否进入课堂。每个人的二维码是独一无二的，通过这种方式，有效地消除了冒名替人点到的现象。

（三）手机二维码在美国图书馆中的应用

美国一些图书馆已经开始提供电子书服务，使得手持终端的用户、读者能够从自身需求出发，随时随地享受阅读。自纽约公共图书馆引进电子纽约公共图书馆这一项目以来，在 2004 年，电子纽约公共图书馆拥有 8 000 份电子书、3 000 本有声图书、400 曲音乐和 500 部电影。用户可以使用手机连接到图书馆网站，使用二维码登录，就可以下载电子书，借阅视听产品。图书馆还将根具借阅情况提供一些读者感兴趣的书。

继新式音频导游出现后，图书馆无须再与读者预约参观时间或手把手地教读者某种技术的使用方法，只要利用读者的手机 MP3 播放功能即可传递信息。杜克大学图书馆斯托克分馆提供音频指南 10 语言访问库，可以以三种方式呈现，在网络上提供 MP3 格式下载，读者只需使用手机扫描与之语言对应的二维码，就可以将音频下载到手机，边看边听讲解。

（四）手机二维码在中国图书馆中的应用

2009 年 7 月 14 日，“寻根稽谱——上海图书馆藏家谱精品展”在读者面前正式推出二维条码技术服务。此次展览采用了 IT 技术，搭建了一个可以供读者获取展品信息、参与互动的平台，实现手机二维码技术助读者获取族谱资料。参观者可以使用手机的拍照功能扫描二维码，浏览引入展览的展品信息和照片，还可以使用网页推荐测家谱网站的链接，看看丰富的家谱内容及相关展品的内容等，可以根据需求发送到读者的标记邮箱。

随着当代大学生需求的变化，北京大学图书馆、清华大学图书馆等很多高校图书馆也开始应用二维码来提供各种服务，并且在图书馆大楼入口、图书馆主页等位置明显的列出了二维码。

南京大学图书馆和中国矿业大学图书馆在微博服务运用了二维码技术。这 2 家图书馆在图书馆醒目位置提供了二维码图片，读者可以打开或关闭按钮自由选择是否利用该二维码。

北京大学图书馆、南开大学图书馆、上海交通大学图书馆、南京大学图书馆、中国科学技术大学图书馆、山东大学图书馆、中山大学图书馆、暨南大学图书馆等在微信中应用二维码技术，加强与学生的互动交流。

为了更好地宣传和服务，很多高校图书馆还利用二维码技术开拓新的业务，如南京师范大学图书馆和河海大学图书馆利用二维码提供图书馆的联系方式；同济大学图书馆利用二维码提供相关会议通知；南京大学图书馆也利用二维码开展 CASHL 文献传递服务。

随着技术进步以及图书馆事业的不断发展，图书馆的样貌有了现代的风格，图书馆的空间也在不断的扩大。为了使读者能更快地找到相应的书库或阅览室，图书馆可以通过扫描二维码找到导读模式进行导读服务。2012 年，湖北省图书馆开发了二维码的电子地图，用户可以在扫描二维码后查看图书馆每层的地图，地图中清晰的标出了各个楼层的图书区域划分，阅览室、卫生间以及安全通道等的具体位置以及当日该楼层是否对外开放等标记。高校的电子移动图书馆还可以提供当前自习室哪里有空位置，并可以预约该位置，有效避免图书馆占座情况的发生。

图书馆二维码的主要应用模式有图书馆网站链接、馆藏书目联机查询、资源位置指引、数字资源及电子资源管理、图书馆服务或活动宣传等。

8.2 大数据时代图书馆的虚拟创新服务

8.2.1 虚拟参考咨询

随着技术进步信息资源变得愈加数字化、网络化，传统的面对面咨询、电话联系咨询、邮箱咨询等咨询服务也面临着严峻的挑战。随着读者咨询需求不断变化和信息技术的不断发展，咨询的形式也在发生变化。目前，国内高校图书馆开展不同的方式虚拟参考咨询服务，大体可分为两类情况，第一类是向软件开发公司构建一个咨询平台或者购买一个已有的咨询软件；另一类是采用免费的聊天工具，如 QQ、微信等进行线上咨询服务。华南农业大学图书馆于 2007 年加入 CALIS 二期建设方案，建立 DCVRS（分布式联合虚拟参考咨询系统），但是 DCVRS 也有许多不足之处，也有许多预设功能未能实现，如对来访的用户没有提醒，不能共享桌面，不能视频语音沟通，也不能传输文件、图片和视频等，该系统只能用文字在网页上进行咨询，不能满足用户群体对咨询服务多样化的需求。2009 年腾讯开发了 QQ 群这一服务，华南农业大学图书馆也使用了这一服务，在读者群积极开展咨询服务，并不断调整合并成一个超级 QQ 群。这项工作在进行两年后，图书馆的质量得到了读者的肯定，搭建虚拟参考咨询平台最重要的就是使得服务实时、异步、及时。

设立学科博客：学科博客的特点是主观服务，由图书管理员定期维护和更新。它可以为学科充当导航站，为读者提供专业信息资源的管理，以促进研究、学习以及信息交流。该博客还提供了定制 RSS 的服务，并支持以多种内容、多种方式的搜索方式，按不同学科、名字模糊搜索等。例如，上海师范大学图书馆有一个学科博客，载有学术动态、会议通知、核心杂志、产品课程等资源。

THLVRS 是当前最流行的参考咨询系统之一，由清华大学图书馆牵头，与同方公司合作开发而成，有效整合了各种咨询方式，为读者和馆员搭建了一个全方位、网络化的咨询平台[93]。在管理员系统中，具有管理统计、工作日志、表单查询等一系列功能，馆员可以很容易地进行这些操作。其中 THLVRS 的值班日志功能发挥了相当重要的作用。从知识管理方面看，在很大意义上，记录值班日志的过程中有许多信息需要记忆，有许多新知识需要学习，可检索的值班日志（以及 FAQ 库）真正成了学科馆员的“信息库”。一方面，可将咨询馆员的隐性知识显性化，并纳入知识管理系统；另一方面，对团队协作而言，值班日志大大方便了各部门协同服务来解决读者的问题与意见。THLVRS 值班日志模块具备 Blog 交流经验、知识管理的特点，同时还具有讨论组的优点，可以及时向值班馆员推送图书馆信息。

创新的学科服务模式：上海交大图书馆创建了创新学科服务，新研究了一种三位一体的梯队式服务方式“学科馆员－学科咨询馆员－管理员”，该服务层次分明，并建立能够对不同层次询问快速响应的服务机制。同时，该馆也提出了“资料随手可得，信息共享空间；咨询无处不在，馆员走进学科；技术支撑服务，科研推进发展”的服务理念。

8.2.2 图书馆 3D 导航

随着计算机视觉和网络的快速发展，数字图书馆的建设应该更加贴近现在的新阶段，3D 虚拟现实技术因此应运而生，这项技术可以还原建筑中的各种真实场景，让用户身临其境，也使得虚拟世界愈加贴近生活。而在外国，他们关注的点在于如何在 Second Life 上创建虚拟 3D 图书馆，南非开普敦大学建立了虚拟数字图书馆 The Digital Bleek and Lloyd Collection。国内的注重点与国外的截然不同，国内更注重于图书馆滋生的设计和开发，中国国家图书馆在 Quest 3D 软件上开发了自己的虚拟浏览系统，北京林业大学则是采用 RIA 技术开发了 3D 图书馆服务系统。目前，数字图书馆的任务将是创建一个可视化、可感知的 3D 虚拟图书馆，而数字孪生技术的出现加速了现实物理空间与虚拟信息空间融合的步伐，借助无线传感器网络[94][95]、目标识别[96]、虚拟模型让图书馆工作人员和读者可以及时了解图书馆相关设施的运行状况[97]。

首师大图书馆也构建了一个 3D 虚拟图书导航系统，其主要具备以下 5 种功能：

（1）书籍位置 3D 导航。可以通过 OPAC 查询想要找到的书籍，选择进入 3D 导航，系统就会为用户自动导航到该书籍的位置。

（2）3D 虚拟空间漫游。通过虚拟图书馆首页进入虚拟图书馆，用户可以在每个楼层的每个地方自由漫游，在此功能上还支持导航系统，也可以跳转到书籍位置的 3D 导航系统中。

（3）用户实时交流。用户可以在本层和该图书馆两种模式下交流，为用户提供不同的服务。

（4）在线浏览数字期刊。用户找到需要的期刊后，双击该期刊就可以在线浏览该期刊的内容。

（5）多媒体真实还原。管理员通过向后台上传每个多媒体相对应的音频、网页等文件，可将多媒体资源真实还原。

8.2.3 信息共享空间

美国的密歇根州杰克逊州立社区学院在 1987 年开始着手于学习共享空间的建设，用了 11 年的时间完成，是大数据时代图书馆的萌芽；随后爱荷华大学以及加州图书馆分别创建了信息拱廊和信息共享空间，而后信息共享空间开始陆陆续续的在全世界各国各地发展起来，由此该技术经历了起步、快速发展和走向全球。20 世纪 90 年代末期，中国香港由于其特殊性率先在国内开始建设信息共享空间，在该领域的发展卓有成效，建成了多个信息坊，并开展国际性共享空间研讨大会，随后台湾示范大学等纷纷建立共享空间，内地（大陆）以北京大学图书馆建立的多媒体共享空间为标志，清华大学等多所高校也开始建立共享空间，如 LC 和 IC。

目前，人们基本上都接受了信息共享这一前沿技术，世界各地一些高校图书馆都开始建设或者在建设这一技术，并且涌现了各种在信息共享空间基础上的不同形式的信息共享空间产品。

芝加哥洛约拉大学图书馆罗伯特西尔、香港大学图书馆尹耀全等人对于信息共享空间的理念是高度一致的，具体体现在对该技术的定义以及实施上，他们最强调的是这项技术赖以生存的基础：学习共享、计算机共享等。而图书馆也需要对信息共享空间建设提供一定的帮助，如培训指导、技术支持以及各个方面的服务。对于用户而言，他们更希望图书馆的服务更加方便快捷、智能，能够快速找到想要的资源等。

因此，他们认为信息共享空间的特点是：

（1）提供技术与设备支持：共享空间需要教室等自习场地，也需要对该项技术的指导，同时也需要各种相关的设备，如计算机等可以在信息共享空间中使用的设备。

（2）一起工作的空间：提供桌子、椅子等。

（3）用户社交需求：设置一些茶馆或者咖啡馆等一些休闲的场所，加强用户之间的交流与社交，加强他们之间的研讨、沟通以及合作。

芝加哥洛约拉大学图书馆为了强调信息共享空间的新需求，提出了新的实施方案，将图书馆增加座位、咖啡厅等区域，为图书馆的空间重新布局，来满足用户对图书馆的新需求。

国内一些图书馆也有着相似的想法，香港大学在经过对用户的调研之后，对图书馆的空间也进行了调整，将一些没用的柜台、家具等搬出图书馆，将空出来的空间变成咖啡厅、研讨室等，并提供在研讨或社交时会用到的食品、饮料和更加舒适的座椅等，图书馆内还提供每天 24 小时的服务。香港大学图书馆将整个空间分为五个区域，每个区域具有不同的功能，都可以通过预约来预定座位：学习区，具有 44 张桌子、29 个单间；技术区，有 80 台计算机、4 台打印机和黑板；多用途区域，有可移动座椅、各种多媒体设备；休闲区，提供休闲场所、咖啡厅等；藏书区，摆放图书馆收录的期刊书籍等。

香港的一些高校图书馆认为，为了使学生的学习效率更高，学习状态更好，也让学习变得简单，迫切需要将图书馆的空间和服务转换为教与学的服务。因此香港中文大学构建了一个学习花园，由以下几个方面组成：多媒体 IT 区，有 40 台电脑设备、打印机和 LED 等；合作学习区，有 2 张长桌以进行开会和研讨等，可以坐 20 到 30 人；用于研究的共享空间区域，为了大学研究生和研究员而专门设立的区域；学习室、自习室，有多个房间，可以用于组织读书活动，也可用于学生自习等活动，在该区域内还设有多个图书管理员，他们会主动为学生以及在这些区域内的用户提供服务。

除了上述一些大学的建设信息共享空间的案例，北京大学图书馆同样也开展了“面向校园的图书馆的第三空间设计”活动，这项活动需要对用户做大量的调研，这样是为了知道当前用户最需要的需求。调查结果显示，需要增加移动电源或者可供电的插座、图书馆营业时间开放的便利店以及供用户休息的休闲区等。图书馆决定对该馆的空间重新布局，将原来的“出”字型布局改造为“田”字布局，同时增加该馆的占地面积，对里面的空间重新布置，除了增加以上所述区域外，还增加了讨论区、朗读区域等，并专门为古籍设立分馆。用户可以在馆内学习、娱乐、讨论、阅读，更好的图书馆成为学生们在课余生活的第三空间，让学生更加享受在图书馆的时光。

现如今，信息共享空间是世界各地图书馆共同的建设任务，包括对图书馆的空间、各个功能性区域的改造和布局，为学生和用户群体建造新的学习环境，变换他们的学习方式，是面对当前新需求的最佳策略。

传统高校图书馆主要是以收藏为主，国际研究表明，这种传统的方式正在向数字化转变，并且以合作交流为新的中心。传统图书馆对于研究学者而言并不是那么重要，因为现在可以通过网站搜索引擎等工具进行研究。国际研究中说到：在未来，图书馆不再仅是藏书，而是包括各种书籍、数据等让学生们进行交流研习的新型空间，是大学的心脏。

8.3　大数据时代图书馆数据增值服务

8.3.1 知识发现

从数据中挖掘和抽取新的模式的这一过程称为知识发现。它的范畴包括各个领域，也有许多种形态，包括社会、科学、艺术等的数字、标记、图片等。知识发现现在的研究重点在于数据的知识发现（Knowledge Discovery in Database，KDD）。数据对人们而言，需要经过处理，并且进行高度的浓缩，才能对人们做出决策提供帮助，收集而来的数据在经过处理之后能够全面地反应一个整体，从而具备其价值，成为对人们有指导意义的知识。图书馆不断购买新的资源，让用户面临的不是资源匮乏、而是难以找到自己所需要的资源的难题[98]，不能将这些资源整合到一起，不能让学者和用户精确地找到自己想要的，而当前的搜索引擎如百度搜索、谷歌搜索等可以快速、精准地找到目标资源，因此传统图书馆面临着被互联网取代的危机。因此图书馆引进知识发现这一技术，让精准化的服务满足用户的需求，并提供一些个性化的服务，知识发现也成为当前图书馆服务的最佳选择。

1989 年，知识发现这一概念第一次被提出，直到 2001 年，图书馆开始应用知识发现这一技术，并且许多高校图书馆都已经研发了成熟的新型服务平台。在国内，北京大学、西安交通大学等高校图书馆都引进了 Summon、Primo 等引擎，并结合自身创建了“求是学术搜索”等，为读者和用户提供知识发现服务，以方便获取资源。还有许多图书馆都与知识发现公司或已有的软件进行合作，一起进行知识发现服务。

普林斯顿图书馆的唐纳德列出了他的图书馆的问题：许多资源花费了很多钱，但它对用户来说是不熟悉的，许多资源都没有有效地使用。学生们更喜欢使用简单或谷歌学者搜索工具，但也会遇到无法找到所需资源的问题。针对该问题的解决方案：单个智能工作流程，建立知识库，评估系统，内部操作，可持续发展和支持，具有知识和选择、获取、描述、开放和完成的周期。

沙特阿拉伯的图书馆 YiYu 分析发现系统是从图书馆系统出发的，包括从发现系统的定义、当前面临的挑战和图书馆以及图书管理员的角色功能来分析说明：发现的目标将包括各类数字型资源以及图书馆书录中的资源，发现系统应包括图书馆目录并不断延伸。因此，发现是一种动态、全面和无限的智能探索过程，它将在整个系统中作为一个十分重要的过程。随之而来的，是“发现服务”快速发展成为知识发现的下一代代名词，并且广泛应用在图书馆的自动化之中，这种新的“发现”具有一下几个特点：（1）发现的覆盖范围更大，不再是只存在现实生活中，还可以是存在于虚拟网络中的资源；（2）发现的程度更深，除了传统的 OPAC 数据等，还有网络上的元数据；（3）发现的内容更多样，可以找到电子书、数据集、论文、PPT报告等；（4）发现更加简单。

同时，这种新的“发现”也存在一些问题：（1）要把资源高度集中才能用索引搜索；（2）资源间的关系难理清。

图书馆在“发现”中也扮演着不可或缺的角色，主要体现在一下几个方面：（1）决策者，在这个商业化的社会中，图书馆需要对面临的问题进行商业决策；（2）实践者，图书管理员可以直接参与到新型知识发现的建设中，还可以对它的功能提出改进或建议；（3）前瞻者，把握未来发现的定位，对发现增加新的功能，如智能化发现等。图书馆管理员不仅有着上述的重要作业，并且可以在信息服务中，让发现服务的发展空间变得更为广阔。

我们来看一个典型案例，清华大学图书馆在大数据时代下的实践经验。

清华图书馆有近600万种电子书，近70 000个电子期刊等电子资源为用户提供，并集成到一起方便搜索。资源检测知识库具有超过7亿高质量的元数据，它是一个大存储元数据库；此外，清华大学图书馆在系统平台中，载入从维基百科下载的开放数据，以及大学内教师的个人简介以及学术介绍。在上述数据的基础上，清华大学图书馆在以下两个方面研究和实践了：

（1）数据集成。该馆试图使用带有多种来源的数据综合运用在“水木搜索”平台上，将书籍、杂志、期刊等其他元数据通过开放链接技术将它们集成到一起用于搜索，还可以去定位所获得的资源；学生可以在这个基础上，为搜索的资源打上标签，还有一些其他的书评或评价，平台将搜索结果与这些关联在一起，使得用户可以从不同的层面、不同的角度去看待所搜索的资源。

（2）挖掘数据的价值。目前，馆内对现有的数据的处理，并没有达到大数据处理的要求，因为其数据的时效性不达标，但图书管理员仍在将数据挖掘融入到知识平台中，融合数据挖掘、知识提取到图书馆的服务之中。

清华大学图书馆意识到当大量的元数据集中到一起时，尤其是经过权威认证的数据，会在深层次藏有大量的知识，将对知识服务带来巨大影响。知识服务是基于数据的，因此该馆对这些数据进行分析，挖掘其深层含义，包括从中提取里面的关键信息及关键词，分析作者等的关系，建立一个以人为中心的关系网。

对这些数据在时间轴的角度来看，在一段时间内，研究某一领域的发展趋势，将对预测该领域的未来至关重要，并能清晰了解它的发展脉络。

该馆采用了提取关键字的方法，在时间轴上标出这些关键字的分布，挖掘它们之间的关系并预测出未来的发展趋势，在经历尝试之后取得了良好效果，并得到用户的反馈。

（3）构建一个以学者为中心，以数据为基础的知识关联网络。该馆用多源数据，通过分析这些数据、文献的特征，自动分析是不是出自清华大学的目标学者，再获取目标学者的学术刊物、与其关系密切的合作者、期刊会议等信息。应用 Openurl 技术，精准定位清华学者学术出版物全文，直观展示学者学术史和以学者为中心的研究网络。目前，清华大学图书馆已成功认定清华 50 位专家学者，并建立了以他们为中心的知识关联网络。

知识服务对图书馆的功能具有促进作用，能够充分地融入到科研、教学的每一个环节中，使之能够成为教师的帮手、科研的推手，能够让学科的服务实现可持续发展。服务图书馆通过知识发现可以准确预测资源的发展方向，合理配置资源，并将资源的利用率最大化，极大地增大了可开发的资源。同时也能挖掘用户的生活、行为规律，增加服务的多样性，满足用户的需求，激发自主创新的活力，加快知识管理的程度。

8.3.2 数据管理

这些年来，世界内的图书馆研究的新重心转移到了数据管理，其中美国的高校图书馆对数据管理的研究最为活跃。他们对数据管理的研究主要是包括数据管理的方法策略以及技术要点，数据管理对世界的影响以及它的发展趋势及环境等。它的服务内容主要是保存这些数据、数据共享管理、数据分析等服务。数据管理在为用户群体做出具有针对性的服务之时，也为收集、共享数据创建了更好的环境。

陈光华和 Xia Jingfeng 分别来自中国台湾大学图书馆和美国印第安纳大学图书情报学院，他们分别阐述了“大数据”：陈光华从数据的生产方式出发，分析了各种类型的“大数据”。Xia Jingfeng 认为，“大数据”是数据科学的核心，需要存储做出的策略、获取能力、分析使用的工具等，关系到社会、行为、文化等不同层面的问题。陈光华认为，在高校图书馆从收集科研最终产品向关注和参与科研、收集科研数据转变的这一过程中，图书馆所服务的一切，都与科研人员的努力和最终产品有关，而不是专注于研究数据的收集。大学图书馆开始与教师的合作更加紧密，研究的某个阶段或者整个过程都参与进来。

加州大学欧文分校的图书馆管理着科学研究数据。数据管理工具如

DMPTool、EZID、DataUp、Mert 等，以及数据全程跟踪软件 Colectica 均由加州数字图书馆设计，供科研人员申请资助时填写基金管理计划使用。爱丁堡大学和威斯康星大学研究了数据管理政策。Daniel C.TSang 是加州大学欧文分校图书馆的数据馆员，他提出了 10 项建议，建议图书馆进行研究数据管理，包括支持项目申请人的数据管理计划、参与制定元数据和数据标准、设立数据馆员职位、积极参与机构科研数据政策的制定。

数据管理的另一个案例是印第安纳大学的社会科学数据管理研究。他们从 IASSIST 求职招聘网站收集了 2005 年以来图书馆和其他地方的数据管理人员的招聘信息，分析了这些招聘信息对学历、技术、工作经历、知识熟练程度的要求。可以将这些分析分为图书馆员和数据专业人员提高技能、知识和责任，以适应图书馆和学术机构不断变化的环境，为图书馆员调整课程，在图书馆进行人员变动时，对他们的期望提供参考作用。

过去，图书馆让资源增值的方式是通过阅览外借等流通手段，通过参考咨询的方式提升信息的价值，现在我们应该抓住机遇，借网络化为我们创造的条件，让数据在研究生命周期的每一个阶段都能增值。DCC（数据管理中心）是一个全球性的组织，由数据专家、记录管理者、图书馆员、档案馆员、作为数据创建者的研究人员以及决策者所组成，数据管理是在图书馆外围发展起来的新业务。

8.3.3 科研数据服务与用户数据管理

科学数据的服务是图书馆的科学服务基础，其中的组织管理服务与图书馆中的资源服务相同，因而未来的科学数据服务将会使得服务的过程更加智能化，自动进行数据分析，并以科学的方式将数据关联在一起，更好的利用数据。

研究数据管理服务集团是由康奈尔大学成立的，图书馆作为集团内的主要成员，与其他机构合作共同提供各种研究数据管理服务，包括存储、备份、数据处理、数据分析等。近两年来，该馆正在探索和开发数据检索和挖掘工具，建立了数据管理和服务系统，并符合 NSF 要求，同时也建立了数据仓库 Datastar。目前，数据主要保存的研究数据为农业和生态系统学科，支持与其他机构一起研究，并且共享数据，促进数据的数量和质量。哈佛大学有一个项目“Data Verse”，该项目是为大学图书馆或其他机构提供关于数据系统的解决方案以及数据分析服务，主要包括数据分析、加工、出版、抽取等各个方面，这也是图书馆的一个服务方向。

数字图书馆建设的起始目的就是为用户服务，所以更应该提高数字图书馆的服务水平和质量，加强数字图书馆的用户研究。因此出现了用户关系管理（Customer Relationship Management，CRM）这一学科，它是一门通过管理的方法去研究用户，识别哪些是有价值的用户，并与他们进行沟通，通过反馈去提升服务，提高用户对数字图书馆的满意度。

用户关系管理可以借助数据存储、数据挖掘、知识发现等现在最先进的信息技术，为数字图书馆建立一个能够收集、分析用户个人信息的系统，并为用户服务提供自动化解决方案，以便于做出重要决策，将传统的数字图书馆向现代管理模式的转变，抛弃一些原有的人工管理。一些数字图书馆系统也具有自动收集和分析用户数据的功能，但是效果不太理想。用户关系管理的一些新技术，专门用于处理分析用户数据，如数据挖掘技术和知识发现等技术，能够使得获取用户数据更加快速，传播、共享的效果更好。

从收集用户的信息时就要严格，要做好用户关系管理，还需对用户数据管理有条理，对用户类型分类、用户状态、服务用户的情况等信息有一个好的判定标准。数据挖掘的来源主要是用户个人信息、日志文件、注册的用户信息和用户的活跃记录。通过对这些信息分析、分类并按某种方式排序，从中获得有意义的信息。比如客户都喜欢看什么类型的书籍等，了解用户的爱好和价值取向，从而为制定对应的服务提供一个方案。有许多方法可以挖掘和分析用户数据，例如，可以挖掘数据之间隐藏的关系的关联分析方法，侧重于分析数据的前因后果或序列关系的时间序列分析等。数据挖掘可以从收集的信息中，分析出用户的不同需求以及行为规律等，可以从不同角度研究应该对用户提供真正符合需求的服务。

用户关系管理系统拥有一下几种功能：对用户的信息详尽分析并集成到一起，可以与用户沟通、互动；较大的存储空间，用户数据的数量很多，要对这些数据存储并分析；识别不同的用户群体，并对他们进行分类，方便进行针对性的服务。

目前，许多国外的图书馆都引入了客户关系管理系统。大英图书馆是世界上最大的研究图书馆，世界各地都有该馆的读者。在数字图书馆系统中，维护客户以及积累的数据是一项繁重而困难的挑战。在该馆的数据库，找到 37 个不同的客户库，将 37 个不同的库集成在一个系统中，大英图书馆为了完成这项工作，向微软引进并安装了软件 MSDN。芝加哥图书馆也安装了具有类似功能的 Sage CTM 系统，用于用户关系管理。Sage CRM 系统可以提供工作流程、问题跟踪、案例管理和服务状态的完整信息，并创建一个安全可靠的知识库，确保在为用户服务时保持高的效率。

8.3.4 数据馆员与数据课程

数据科学这一理念是在如今科学数据呈现爆炸性增长的情况下被提出来的，它是在科研或科技活动中，通过观测等方式获取反应客观世界中的事物的本质、规律等的原始数据，根据在科研中所需要的类型进行处理、加工而成的数据集。如今，科研的人数日益增多，科研次数增多则造成了数据过多，而如何去保存这些数据，怎样高效地处理这些数据，让这些数据可以多次利用，并让有需求的人们都能够得到所需资源是当前对科学数据管理的迫切需求。

文献调研显示：数字图书馆最常用的招聘岗位的名称叫做“数据服务馆员”，也有一些叫“数据馆员”等。虽然名字各有不同，但都能反应出当前图书馆对科学数据管理的积极实践，也能看出当前各图书馆对科学数据管理这一行业人才的定位不清晰，不能达到统一，缺乏相关的标准。

如表 8.1 可知，科学数据管理类岗位的最核心职责一般是科学研究和数据管理咨询服务。开展与其对应的培训和教学可以在很大程度上帮助客户，让客户做到掌握数据加工、分析、统计工具的使用方法，也可以使得用户更加了解科学数据管理的意义。这些都是为了实现该岗位的主要职责中的数据培养（Data Literacy）。科学数据管理服务因其很好的实践性，实际上已成为一种新型嵌入式服务。因为该服务需要加入研究团队，有时还被要求与教师合作，参与课程教学等诸多方面。为了使科学数据管理人员兼具学科馆员的特点，许多图书馆做出了明确指出受聘人员应当担任的职务功能以及各项需求。如各院系以及研究机构同图书馆间的联络人，主要负责收集用户的服务反馈和数据管理需求。

研究项目申请书中必须包含数据管理计划，研究过程中还需逐年提交数据管理报告，是当下美国国家科学基金会 NSF 等众多研究资助机构所做出的规定。为此，科学数据管理类岗位有了另一项重要的职责，就是帮助有需求的研究人员撰写一系列的计划和工作文档。如科学数据管理计划，数据质量保障计划和数据管理实施报告等。

此外，在岗位职责体系中占有重要地位的还有科学数据管理相关政策和工作程序的制订需要，以及各级数据管理机构及其组织的相关活动，收集、分析和存储研究数据工作，都是在岗位职责内需要参与的。

表 8.1　科学数据管理类岗位的主要职责

职责内容	出现频次	关键词
提供科学研究和数据管理咨询服务	44	cumsullalion，relerence
了解研究人员数据管理需求，征集用户反馈	43	feedback，requirement
科学数据管理教学培训	37	instruction，teaching
编写科学数据管理相关文档	33	plan，report
为科学数据创建、补充元数据	32	metadata
帮助用户收集、分析研究数据	31	analysis，collection
帮助用户存储数据	31	arehival，storage
制定科学数据管理有关政策、工作程序	22	policy，procedure
参与各级数据管理行动计划	22	initiative，program
加入各级数据管理机构等	18	organization，presentation

科学数据管理类岗位的职责还有很多，如数据导航服务，开展数据管理相关研究，促进科学数据的开放获取和资源共享，以增进学术交流等。其中数据导航服务是帮助用户更好地获取。利用科学数据资源的重要途经，其方式是通过建立科学数据信息源导航平台，建设面向非文献型数据资源的集成检索系统等来实现其服务。而开展数据管理相关研究则主要用于数据挖掘技术、数字出版、可视化分析等方面。总而言之就是通过数据采集→数据加工处理→数据存取利用→数据长期保存一步步实现科学数据管理的整个生命周期。同时，也表现出国外图书馆对科学数据管理方面的认识已较全面。

为了更好的了解当前 iSchool 院校与科学数据管理相关的开设的课程，可以通过直接检索 iSchool 学院网站的课程目录（若无法直接获取目录时，则通过查寻其网站的“Academics”“Department”“Degree”“Program”“Students”等栏目）来实现。调查结果见表 8.2 所示。

表 8.2　iSchool 院校科学数据课程设置的调查

iSchool 院校名称	课程名称及学分	授课对象	课程性质
加利福尼亚大学伯克利分校信息学院	信息系统与管理定量研究方法（3）	研究生	选修
加州大学欧文分校	数据管理原则（4）	研究生	必修
德雷塞尔大学信息科学与技术学院	应川数据管理（3）	本科生	必修

续表

iSchool 院校名称	课程名称及学分	授课对象	课程性质
佛罗里达大学图书馆与信息研究学院	信息科学研究方法（3）	博士生	必修
伊利诺伊大学图书情报学研究生院	数据保存基础（4）	研究生	选修
密歇根大学信息学院	数据操作（1.5）	研究生	必修
	数据监管（3）	研究生	选修
	实验数据分析（1.5）	研究生	选修
	统计与数据分析概述（3）	研究生	必修
宾夕法尼亚州立大学信息科学与技术学院	数据与知识管理（3）	研究生	必修
	多传感器信息融合（3）	研究生	必修
新加坡管理大学	云计算与大数据分析	研究生	选修
	数据服务（3）	研究生	
	数字数据基础（3）	研究生	
多伦多大学信息学院	数据馆员	研究生	
	数据仓库	研究生	
	信息学研究方法（5）	本科生	
格拉斯大学人文高技术和信息研究所	数字资料的管理与保存	研究生	必修
南澳大利亚大学计算机与信息科学学院	数字保存（4.5）	研究生	选修
筑波大学图书馆、情报与传媒研究院	数据科学（2）	研究生	选修

从调查结果来看，这些课程的名称绝大多数都包含有“数据（Data）”或“科学数据（Science Data）”的关键词，故可推测出其都是围绕数据处理来对学生展开教学。在这些课程中，部分课程介绍计算机科学中数据库构建方法，还有部分课程是有关研究方法的。其中，数据仓库与数据挖掘等是计算机科学中数据库构建方法。而讲授如何对科研数据进行分析和处理，如华盛顿大学信息学院的信息学研究方法、研究讨论课、信息科学中的定量研究方法等课程，则是有关研究方法的。

从这些课程的授课内容来看，主要涵盖以下几方面：

数据管理服务与数据存储。雪城大学计算机系开设的科学数据管理、数据服务，北卡罗莱纳大学的政策型数据管理等，这些课程覆盖了科学数据管理的各个方面，这些课程着重培养学生的科学数据管理技能，也对数据的开发或利用有所帮助，还能培养学生的学术道德，在学习的过程中可以意识到涉及数据的知识产权等问题。

针对特殊学科的数据管理技术以及信息技术。一些开设的医学信息学，对医学数据的处理与分析，此外还开设了数据库、数据挖掘等与之相关的课程，让学生们学会怎么用数据库等工具对科学数据进行处理、存储等。

数据统计与分析。当前数据主要是存储在云中，为了适应这一新环境，需要开设一些符合现环境下大规模数据的学科，如新加坡管理大学就有一门云计算与大数据分析这一课程，亲手实验对数据进行分析、管理，还有大学与图书馆都合作开设了这一相关课程。

研究方法。这一类课程是为了学生在科研时打下一个良好的基础，教他们在研究中有效地收集所需要的数据，并对这些数据有效的分析、统计，弗罗里达大学开设了信息科学研究方法。

其他课程。数字图书馆、空间信息系统等课程，与数据处理等内容相关，大部分的 iSchool 学校都开设了数据库、数据库管理等与元数据相关的课程。

北京大学图书馆使用飞塔的旗舰安全产品 FortiGate 防火墙，构建了图书馆的网络安全整体架构。FortiGate 为北大图书馆提供了流量控制、身份识别、访问控制、网络过滤、反间谍软件、入侵防御、智能分析报告等一系列优异的安全防御功能，同时 FortiGate 卓越的性能表现使安全防护与网络可靠性能够并驾齐驱，为数字图书馆的网络安全提供了强劲保障。

8.4 基于 Hadoop 的图书馆数据处理分析系统

随着数字图书馆系统应用的深入，系统面对的用户数量、类别将更丰富（如用户检索的路径、内容、Web 页面的浏览与点击次数、时间等关联信息）。所以决策系统需集成、融合多种智能技术算法，才能提供有效的个性化信息服务。当前，通过网络中浏览器的浏览路径来获取用户数据是智能化信息决策中常用的技术手段，通过对 Web 日志的挖掘来提供推荐服务，以及自组织特征映射（SOM）神经网络与案例式推理（CBR）协同过滤推荐系统。已有科研成果对数字图书馆系统信息服务的智能化作出很多深入探讨，也尝试了多种技术算法。然而，在数字图书馆所搜集的大量数据的基础上，建立一种大数据平台与多种智能算法融合的智能决策支持系统的研究比较缺乏。利用读者的阅读历史，进行大数据分析，可以发现数据之间的关系，挖掘出更加有用的隐藏信息，提前了解用户的需求以及他们的规律，这是智能化信息决策技术的基础。图书馆对数据处理分析系统可以利用好 Hadoop 工具，对他们的服务以及处理能力会有一个巨大的提升。Hadoop 可以使得数据得到更深层次的加工，提升馆员的工作效率，也更能体现出 Hadoop 的价值所在。馆员在此基础上可以按照用户的不同需求或习惯、规律，对他们进行针对性、高质量的服务。

8.4.1 方案设计思路和目标

基于 Hadoop 的图书馆数据处理分析系统，它是基于大数据分析系统平台，对图书馆中的数据、资源进行深层次数据分析的过程。它可以在大量的数据中发现潜在的、有用的、有趣的信息，为用户在进行决策时提供一个较优的参考。在大数据分析的系统平台下，运用符合用户信息获取特征的智能决策支持技术，高校图书馆可以充分的挖掘和利用现有各类信息资源，提升信息化服务层次，革新知识传送手段；也可以为企业在管理客户、丰富购销手段、整合经济数据与信息等商务领域提供智能化信息服务。

8.4.2 系统框架

基于 Hadoop 的图书馆数据处理分析系统是数据挖掘技术、OLAP 技术交互、集成在一起的。数据库可以对数据以及决策的储存，并综合到一起；数据挖掘则是对数据库中的数据，挖掘出其深层次的意义；OLAP 帮助馆员以多维度的角度去分析数据。这些技术融合到一起，相互补充，为实现更好的决策。集成系统结构如图 8.1 所示。

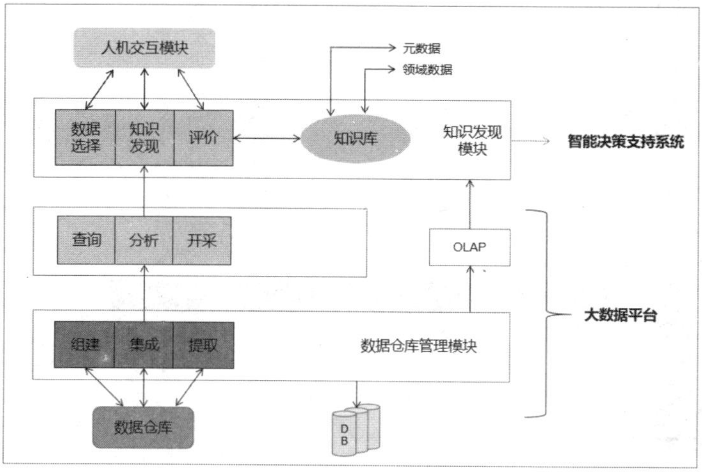

图 8.1　集成系统结构图

8.4.3 系统的主要功能介绍

基于 Hadoop 的图书馆数据处理分析系统是在基于我校图书信息服务数据资源和文献数据资源的基础上开发研究实现，主要有六大模块，分别为基本信息模块、数据源模块、大数据挖掘模块、数据可视化模块、大数据运维模块、系统管理模块。登录页面采用简单的 JSP 页面，输入用户名、密码登录系统，如图 8.2 所示。

图 8.2　用户登录

基本信息模块有课题介绍、系统介绍两个页面，其中课题介绍主要展示本课题的相关信息显示，显示项目名称、项目类别以及项目申请书，如图 8.3 所示。

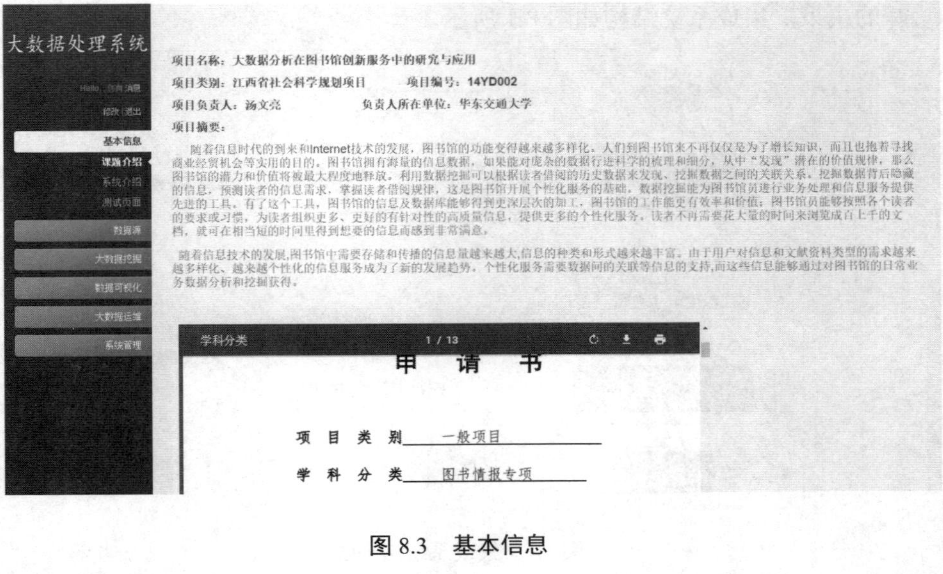

图 8.3　基本信息

数据源模块主要有数据库、数据迁移、HDFS 文件页面，数据库页面显示图书馆数据资源，包括图书馆图书文献信息数据、图书馆用户借阅信息数据等，如图 8.4 所示。点击查看，可以查看相应的图书馆数据信息。

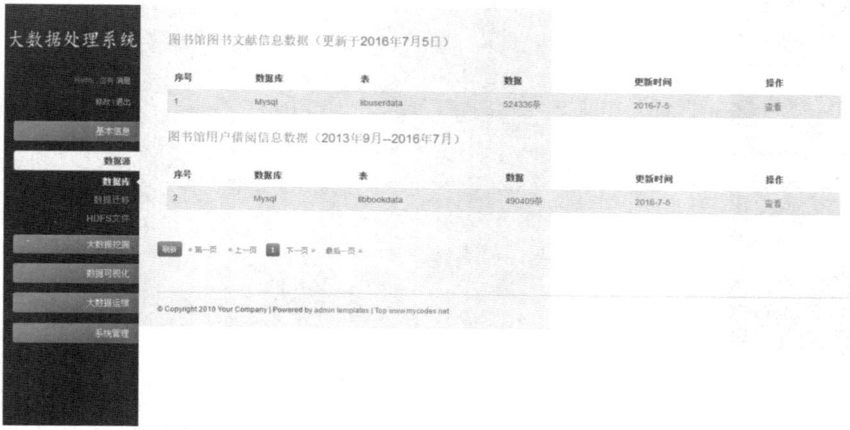

图 8.4　数据库信息

数据迁移页面，主要页面功能是显示将数据库的相应的数据表导入到大数据分析系统中去，构成数据挖掘的数据基础，如图 8.5 所示。

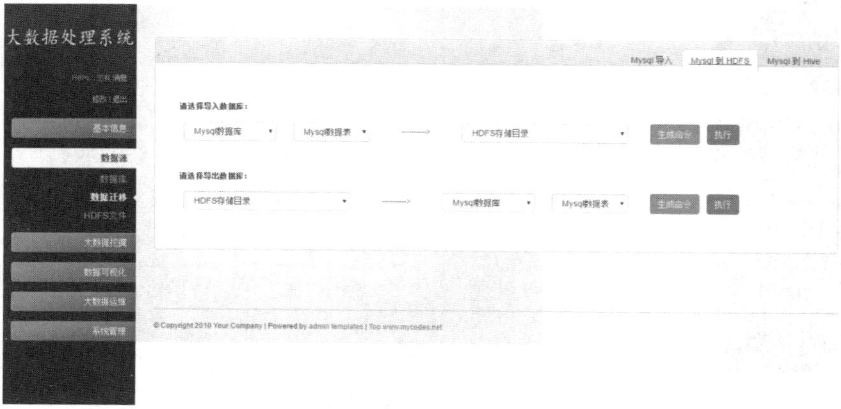

图 8.5　数据迁移

HDFS 文件页面，显示在大数据集群中，存储的相应的数据信息。针对文件夹有查看、添加、上传、下载、删除选项，可以进行相应的集群中的文件操作，如图 8.6 所示。

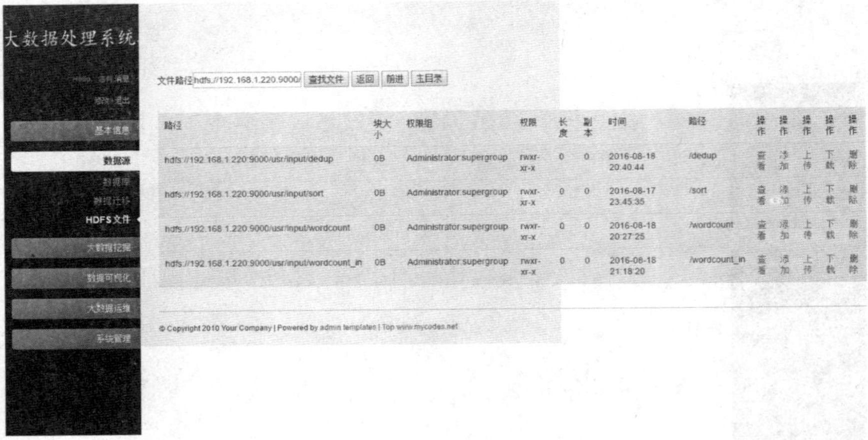

图 8.6　HDFS 文件

大数据挖掘模块中，基于 OLAP 多维统计分析的数据分析页面，可以进行相应的数据查询和数据筛选功能，如图 8.7 所示。

图 8.7　OLAP 分析

数据可视化模块，主要是数据在进行数据挖掘后以某种方式显示，显示方式有饼状图、条形图、折线图，根据用户选择的数据和图形类别进行相应的图标生成，如图 8.8 所示。

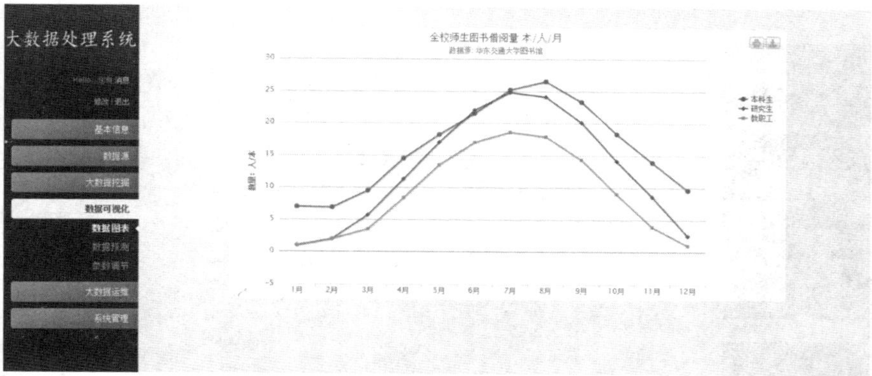

图 8.8　**数据可视化分析**

大数据运维是指大数据系统的运行维护，一般包括配置管理、系统管理、故障管理、性能管理、安全管理、高可用性管理、应用变更管理、升级管理及服务资源管理等。在本系统中主要指节点性能管理、任务分布、任务类型占比以及集群概览等，如图 8.9 所示。

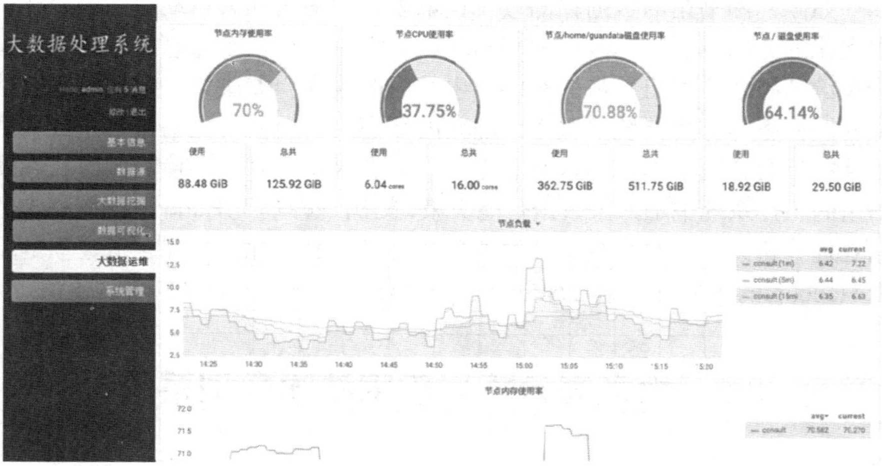

图 8.9　**大数据运维**

系统管理模块，其主要功能在于对系统的管理，包括用户管理、日志管理、系统设置。用户管理主要包括用户的新增、删除、修改、查询，如图 8.10 所示。日志管理主要是查看用户的操作日志。

图 8.10　用户管理

8.4.4 系统总结

如今，图书馆的数据存储量飞速增多，图书馆朝着自动化、信息化、数字化的方向发展，是改变图书馆现状的唯一途径。在信息服务中融入智能决策的技术，使得馆员的职能发生相应的改变，如决策、数据管理、信息资源服务等。为传统的服务添加新的活力后，会使得图书馆真正成为开放性的社会化图书馆，为科研工作者、读者提供更好的环境。因此，在图书馆的工作系统中融入大数据智能决策，提出一种基于 Hadoop 的图书馆数据处理分析系统的研究具有极大的现实意义。鉴于此，本课题所建立的基于 Hadoop 的图书馆数据处理分析系统具有较高的理论意义与应用价值。

8.5　大数据分析与应用教学实训系统

项目负责人汤文亮教授根据项目相关的理论成果，设计出了一套大数据分析与应用教学实训系统，将基于大数据分析的图书馆创新服务子系统作为其中的一个案例，纳入这个大数据分析与应用教学实训系统中[99]。通过一系列的大数据实验和项目案例的操作，让在校大学生对大数据分析和应用能够有更深入的认识。在培养学生动手能力的同时，密切联系企业，构建螺旋型软件人才培养模式，在企业、学校和学生之间搭建了沟通的桥梁，激发了学生的学习主动性，为社会培养出具备综合素质、多层次的可持续发展的软件人才[100]。该教学实训系统已经应用于吉林、河南、新疆等地多所高校。

大数据分析与应用是一门以数据为基础，分析与挖掘是它的核心部分，是一门紧密应用于行业的综合性学科。其主要技术涉及概率论与数理统计、数据挖掘等专业性的内容，因此该学科需要有较高专业性的实验室环境。有一个基本的学习环境的同时，还要提供大数据的集群分析处理环境等，这是对于数据的处理所需要的实验室环境支撑。

目前在我国一些高校设置的专业中，与数据挖掘等技术相关的课程包括计算机科学与技术、电子信息等。需要从原理、技术、应用等角度，让学生掌握大数据处理与分析方法和理论，通过实验加深对专业知识的理解，提高该项技术实际应用能力。根据调查显示，我国高校大部分现有实验室，都无法提供数据挖掘和大数据分析实验所需的算法、计算环境和数据，所以建设一个符合环境要求的实验室对这门技术是十分重要的。

8.5.1 系统概述

本系统是为了给高校提供一套完整的数据挖掘与大数据分析实验的解决方案，由专业的高校实验室提供建设方案，并结合专业的研究机构与教学而成的一套系统，通过研究和带领复现经典算法，结合真实的应用场景和案例对学生进行针对性的培训，从知识点到实践都能涵盖到，并能验证所用方法与原理，是一套集大成的创新型实验体系。

覆盖全面的知识体系，搭建完整的教学环境，设计层次化的实验内容，提供灵活的开放接口，运用多元化的教学手段，达到最佳教学效果。

所开发的 Hadoop 大数据课程实验教学系统有 12 部分，一共 30 个实验，主要从最基础的 Java 语法、MySQL 数据库、Linux 系统等实验操作讲起，以 Hadoop 集群配置和使用为主题的教学内容，目标是帮扶学生理解 HDFS、MapReduce 实现原理，深入 Hadoop 大数据技术所必要的知识，尤其在海量数据的存储 HDFS、分布式资源管理和任务调度 YARN 及分布式计算框架 MapReduce；设计并使用 Hadoop 生态圈中所有常用组件，包括 Hbase、Hive、Zookeeper；了解 Hadoop2.0 架构，部署以及 Yarn、MapReduce 和 Sqoop、

Flume、Mahout 的 Hadoop 重要子项目及相关项目实战。

8.5.2 课程特点

本课程具有覆盖全面、配置详细、教研双向、项目多战等特点，具体如图 8.11 所示。

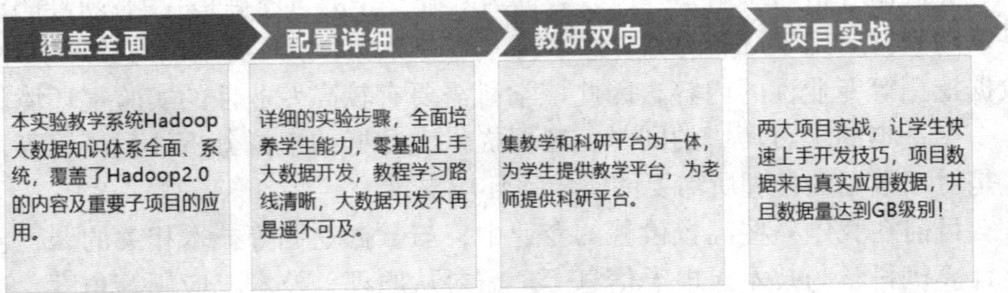

图 8.11　课程特点

1. 多梯度、层次式的系列实验

考虑到不同学生之间的能力不同、兴趣不同，所以在设置相应的实验内容时，为不同阶段、不同层次的学生设计不同的最终目标，学生也可以考虑自身条件，选择能完成的难度的任务。同时，在实验室，学生也可以根据当前的进度，为后续的实验调整难度，让学生充分参与到实验之中，并保持良好的信心和兴趣去完成特色实验。

2. 贴近工作实际，针对性强

课程设计的理念是以就业为导向，开阔学生的视野，增强学生的动手能力。针对当前企业对人才的需求来设计课程，形成针对性强、实用性强、重点突出的实验/实训内容，达到学生在学校与企业之间的无缝对接。

3. 完全分布式实验环境，真实可靠

大数据集群配置有三种模式：单机模式、伪分布式模式、完全分布式模式，本实验教学系统提供多台高性能服务器，为用户搭建完全分布式的集群配置环境。实验中所提供的参数配置、系统命令、性能监控与测试均是按照完全分布式环境下进行实验配置与教学，最大限度地模拟企业中的生产环境，为用户提供真实可靠的的节点分布、计算资源、网络性能，提高教学效果。

4．实验步骤详细，组件版本稳定

在每个实验中，提供详细的实验步骤，并对实验中的命令参数进行详细解释和注释，包括命令执行环境、命令解释、命令可用参数、命令执行效果等。在实验配置中，所提供的 Hadoop 所有组件版本，均为目前最新、最稳定版本，各版本间的兼容性均已得到测试。

5．实验丰富，覆盖面广

合理设计课程体系结构，内容涵盖所有知识点，本实验教学系统中提供的教学涵盖几乎包括 Hadoop 架构内的所有组件，充分掌握 Hadoop 的每个重要子项目，包括 Flume、Sqoop、HBase、Hive、Pig 等，每一个子项目在实验中均提供安装配置实验、命令使用实验，以及 API 调用实验。并且针对每一个组件，在最后提供一个操作实例进行教学指导。

8.5.3 实验环境（图 8.12）

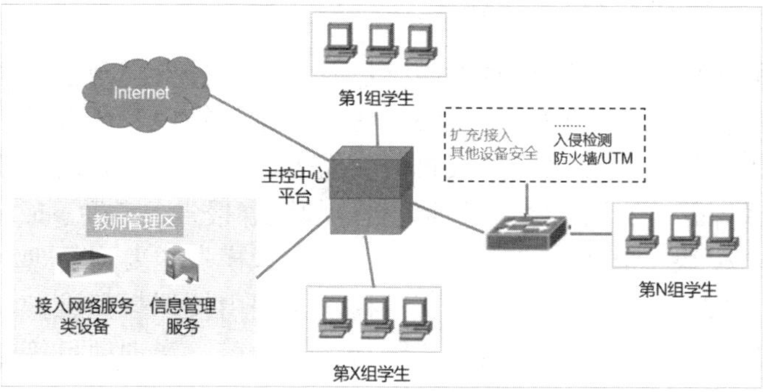

图 8.12 实验环境示意图

实验组织形式为每 6 名学生为一实验组，实验角色 A ~ F，支持选择不同的实验环境，可以分成 2 人、3 人、6 人的小组，每个人都承担不同的角色。实验环境由硬件环境、软件环境组成。根据服务器配置决定支持学生的最大点数，标配 36 点，可自由扩充。

8.5.4 硬件系统

1．Hadoop 大数据服务器

Hadoop 集群配置有三种模式：单机模式、伪分布式模式、完全分布式

模式，本实验教学系统提供多台高性能 Hadoop 大数据服务器，为用户搭建完全分布式的集群配置环境。我们将系统的节点架构分为三个部分：Active NameNode 节点、StandBy NameNode 节点、DataNode 节点。实验中所提供的参数配置、系统命令、性能监控与测试均是在完全分布式环境下进行实验配置与教学，最大限度地模拟企业中的生产环境，为用户提供真实可靠的节点分布、计算资源、网络性能，提高教学效果。

2．教学应用服务器

在构建环境时为信息安全的操作提供软硬件支持。该平台可以确保用户数量增长稳定，支持系统设备的管理，并为学生所使用的学习机器与实验的系统之间有良好的通信服务。

8.5.5 软件系统

1．实训教学管理信息系统

提供管理教师、教授课程的教师以及学生三种不同角色，角色不同权限也不同，如对实训的内容、成绩、考勤等进行管理，还可以为实训增加一些实用的内容，更改系统所安排的实验方案。对实训室进行教学管理的系统，包括排课、实训信息、数据管理、权限、报告、考勤、成绩、公告、文件等几个模块。其中排课、权限、数据管理模块主要由管理教师维护，实训信息、报告、考勤、成绩、文件模块主要由授课教师维护，公告为共有模块，教师通过本系统可自定义添加实训内容、实训项目等信息，搭建符合学校自己专业特色的教学实训体系。

2．大数据分析与应用教学实训平台

平台把实验原理、实验步骤、实验基础、对问题的思考和软件工具集于一身，在帮助教师上课的同时，提高学生的学习效率。

实训平台是学生进行实训操作的平台。平台提供实训基础、实训步骤、思考问题等内容。实训基础包括实训的任务概述、任务目的、任务要点、学时建议等信息单元，学生通过亲自动手操作，来掌握相关操作技能等；任务概述包括实训过程中所需要的各种实训详细知识点及编程思想指导。

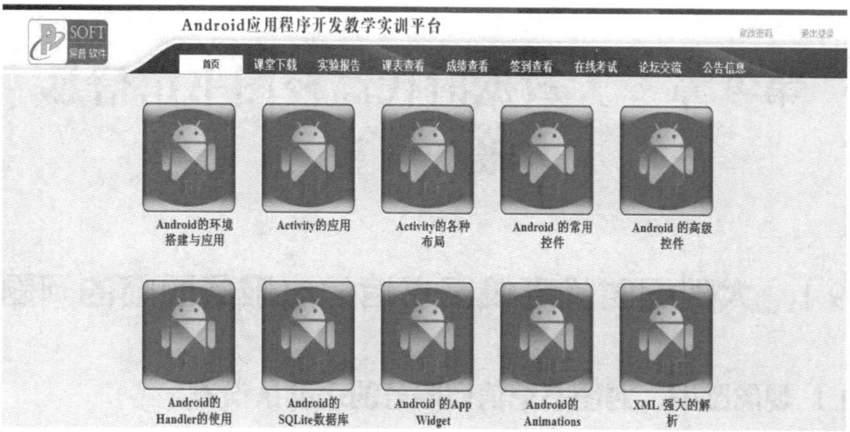

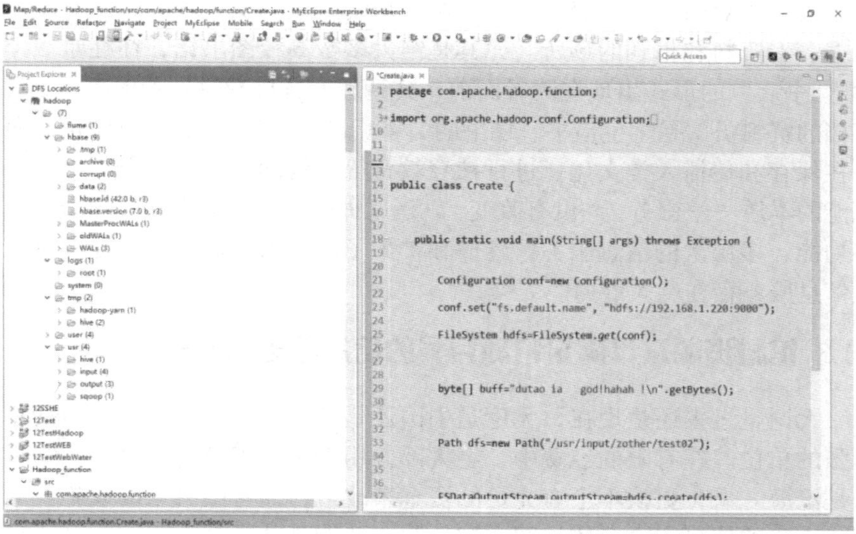

图 8.13　Hadoop 编程开发

实验教学环境提供了必需的软件开发工具，包括 MyEclipse、Tomcat、Putty、WinSCP 等，MyEclipse 是基于 Eclipse 及其自带插件的强大企业级集成开发环境，主要用于 Java、Java EE 和移动应用的开发。MyEclipse 性能非常强大，功能也很多，并且得到了广泛的支持，尤其是对于各种开源产品。在本实验教学系统中，我们用 MyEclipse 对 Hadoop 中各组件的 Java API 接口进行 Hadoop 编程开发。

第 9 章　大数据时代高校图书馆信息服务展望

9.1　大数据时代高校图书馆信息服务面临的问题

9.1.1 观念陈旧，对图书馆信息服务的功能认识不足

很多人对图书馆的概念仍然停留在传统阶段，认为图书馆只是藏书、借书、看资料和报刊的场所。尤其是绝大多数高校图书馆，往往是以“书库”“书店”的形式出现在读者面前，其管理人员自身只是管理归类、编目存档的资料员，是学生借书、还书的“售货员”。实际上，图书馆信息服务是在保存和传播人类文化、进行社会教育等职能的基础上进行的。图书馆职能的本质——服务，并没有改变，只是这种服务的落脚点已转向全方位、多功能、多层次的信息服务，延伸和扩大了图书馆的职能，这使图书馆开展信息服务存在巨大潜力。

9.1.2 馆藏资源难以满足日新月异的信息服务的要求

无论是过去还是现在，无论是中国还是外国，图书馆都属于经费相对紧张的单位。在有限的经费中，绝大部分用来精打细算选购书刊，结果也只是沧海一粟，更谈不上有充足的资金来改造、完善图书馆的设施。面对不断膨胀的信息海洋，传统图书馆的收藏功能已越来越有限，收藏比重也越来越小，甚至有的多年来几乎没有增加新刊，无力购买外文图书，收藏的依然是一些陈旧过时的信息，已不能履行一个图书馆应有的职能。虽然大多数图书馆都已采用计算机代替手工操作，基本实现了采访、编目、流通和检索等业务自动化管理，但总的来说，仍处于集成化系统的初步实用阶段，尚未以网络化为龙头带动整个图书馆信息化建设，电子信息资源、可提供服务的虚拟资源仍十分不足，对现有馆藏数字化的比例不高，能够上网的资源大多还停留在馆藏书目的层面上，并且网上信息资源匮乏，大量文献资源有待开发。

9.1.3 高校图书馆信息服务方式难以适应信息时代的要求

我国的高校图书馆过去是按传统的模式，印藏书编目、陈列、借阅等程序建立起来的，随着社会发展的需要，逐步暴露出许多弊端，如职能陈旧、方式单一、效率低下、服务滞后，难以满足信息时代师生对信息“快、精、深”三方面的需求。主要表现在以下方面：信息服务往往局限于一般文献信息，对有价值的零散资料的收集、整理和利用不足，导致提供信息的实用性较差；文献信息加工生产周期过长，导致内容老化，时效性较差；文献信息大多未经深入加工，信息量大，用户查找起来既复杂又费时，导致服务的针对性较差；文献信息仅以图书馆这个单一渠道流通，信息传播的速度缓慢，导致信息交流的传导性较差。

9.1.4 图书馆员的素质难以满足信息服务的需要

图书馆员应该是信息专家和信息工程师，应该是信息系统的建设者、信息服务的向导和顾问。随着信息时代的到来，现代图书馆员的工作对象已变成了数字化信息和知识，工作工具是计算机和网络，提供的是多层次、深层次的服务，要求馆员对信息用户所用信息能够做到迅速地“存”进来，准确地“取”出去。然而，许多高校图书馆员素质偏低，难以适应现代社会信息服务的发展。在许多高校，图书馆成了高校的“就业”中心。对图书馆工作人员的来源进行调查得知，有近 50%的人员来自教师的配偶和员工的子女，他们从各种可以利用的渠道进入了高校图书馆。有近 70%的员工只有大专以下学历，图书馆专业大专以上的员工不到总数的 30%，调查结果如图 9.1 所示。

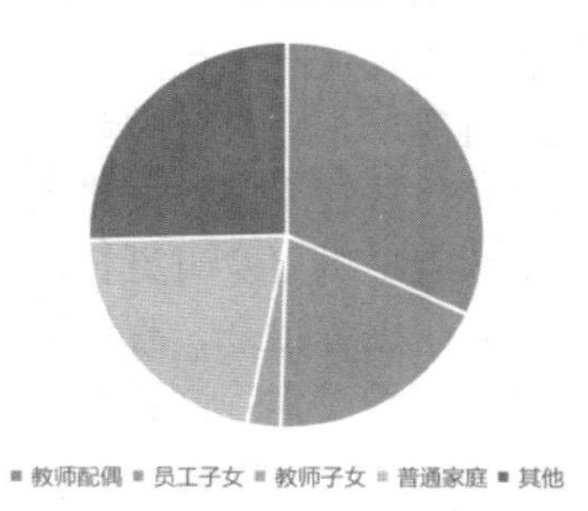

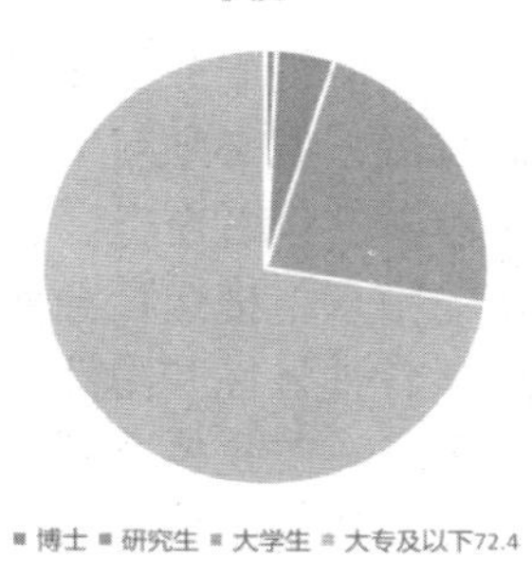

图 9.1 调查结果图

大多数图书馆员仍然充当着以馆藏文献和本校读者为对象的文献管理员和文献服务员的角色，计算机与信息资源管理专业人员奇缺。图书馆的人员素质还达不到能利用网络技术进行信息采集、管理和服务的要求。

9.1.5 高校图书馆在信息服务中各自为政，相互合作的意识不强

目前，高校图书馆的信息服务各自为战，众多而分散。虽各自拥有局部的信息资源优势，但无法满足教育教学需要的高质量的信息服务。随着全球性信息时代的到来，高校为培养高素质人才，对文献信息采集、管理和服务方面的应用更加广泛，加之高校系统 CERNET 网络的建立和 Internet 的普及，各高校原来自行开发、相对封闭的图书馆自动化管理系统越来越显得与信息发展不相适应。面对文献信息量剧增，文献载体多样化，文献提取、传递与利用方式的不断变化，明显地表现出适应性、开放性差等致命弱点。同时由于各馆书目数据质量参差不齐，著录缺乏规范的标准等，即使在外部网络环境已具备的今天也难以向网上开放自己的馆藏，很难做到资源共享。这种一校一馆、分散封闭的管理模式，已经严重影响并阻碍了高校人才的培养和科研水平的提高，影响并阻碍了高校图书馆事业与世界高科技水平的接轨。

9.2 大数据时代提升高校图书馆信息服务应对策略

9.2.1 树立主动服务理念，完善服务机制

传统的图书馆服务模式因为封闭的工作环境、呆板的工作程序、僵化的思维方式，使得服务手段过于落后，不能适应现代的文化需求。中小图书馆要想发展，就必须对传统的服务模式进行变革。一是变被动服务为主动服务。本着“读者至上、服务第一”的宗旨，从转变服务方式入手，积极捕捉市场信息，把握社会前进的脉搏，给读者提供更及时更合理的阅读产品，即从各种显性和隐性信息资源中，将知识提炼出来，有针对性地满足读者的需求。二是树立开放的意识。图书馆那种“坐等读者上门”的传统思想还在，使得图书的利用率很低，这是封闭式落后的服务，图书馆的资源要尽量向读者开放，最大限度地利用馆藏。三是加强图书馆服务质量监督。由上级政府相关部门委派专业人员负责图书馆服务质量的监督工作，

确保服务流程的顺畅、高效，提高图书馆服务质量。四是要健全图书馆反馈机制。可以建设图书馆自己的网站并开通馆长信箱，建立读者 QQ 群。实在条件有限，可以定期召开读者代表座谈会，或者在图书馆大厅或走廊处挂出读者意见簿。采取这些办法，图书馆的领导及其员工就能及时了解读者的需求，便于因地制宜，不断提高服务质量，形成适合当地读者群的图书馆特色。

9.2.2 树立市场意识，寻求社会资源的可利用性

社会文化资源是指社会组织机构及个人中蕴藏的文化典籍和文化遗产，开发和利用这些社会文化资源，对图书馆尤其是中小图书馆的建设和发展有着特殊的意义。社会资源不会主动走上门来，图书馆工作人员必须主动走出去，寻求社会资源利用的可能性。现阶段图书馆的资金来源与图书来源主要就是政府的公共财政，图书馆要积极寻求社会文化资源，吸引企业、社会组织或个人的捐助，来壮大图书馆的规模，提升图书馆的蕴藏。

9.2.3 丰富服务形式，优化服务的流程

一是开展个性化推荐服务，根据不同读者的需求、年龄、文化程度、工作性质等多个方面进行正确引导。图书馆提供推荐服务，能够根据读者的兴趣爱好而主动向读者推荐图书、刊物等信息资源。二是开展丰富多彩的活动。组织相关人员，积极开展各种类型的图书馆知识宣讲与培训，从而更好地帮助读者获取相关网络、学科指南、原文传递、网络导航、搜索引擎、数据库评价及利用、数字参考咨询等多个方面的服务与知识，同时，经过系统的整合个性化的服务和数字化信息资源，从而帮助读者大幅度提升利用馆藏文献的技能和相关情报意识。

9.3　传统操作与自助借还书的比较分析与应对策略

9.3.1 图书馆借还书服务的发展与自助式借还书系统内涵

1．我国图书馆借还书服务的发展

很多高校图书馆的借还书服务的发展一般分为三个阶段：首先是初

步阶段，这个阶段主要采用统一的借阅卡，能在各个图书馆之间相互借阅，但是不能提供异点还书服务和异点借书，而且所借阅的本馆文献资源必须在所借的馆内归还，具有一定的局限性；其次是改进阶段，这个阶段一般采用统一的借阅卡，能够在任一家图书馆随时归还所借阅的书籍，然而所借阅的本馆文献资源，依然不能提供异点借书；最后是完善阶段，每个馆必须采用统一的借书卡，从而能够及时提供异点还书、异点借书的服务，真正实现意义上的借还服务。一般图书馆的借还服务主要指读者借助于网络和现场这两种方式，依据有效的借阅证能够及时到图书馆任何一个分馆借阅或者能够到各个分馆进行图书外借并及时归还。

2. 自助式与传统借还书服务

传统的借还书服务主要是手工操作的一种服务，而自助式借还书系统主要指读者利用机器设备在图书馆内自行借阅或者归还所借图书资料，而不必经过相关馆内人员采用手工操作的一种自助服务工作系统。目前我国一些图书馆的自助借还书系统主要有两种自动识别图书资料的模式，分别是无线射频（RFID）识别模式和条码（Barcode）识别模式。其中条码（Barcode）识别模式具有较强的适用性，可广泛适用于图书资料贴有条形码、已实行自动化管理的图书馆。而无线射频（RFID）识别模式的适用性则很差，除RFID电子标签之外的其它标签都无法识别，所以，只有更换标签才能使用这种模式的自助借还书系统，然而RFID电子标签的成本普遍偏高，其价格远远高于目前普遍使用的条形码价格。在我国目前已使用自助借还书系统的图书馆中，绝大多数图书馆是使用条码识别模式，极少数图书馆使用的是无线射频识别模式。

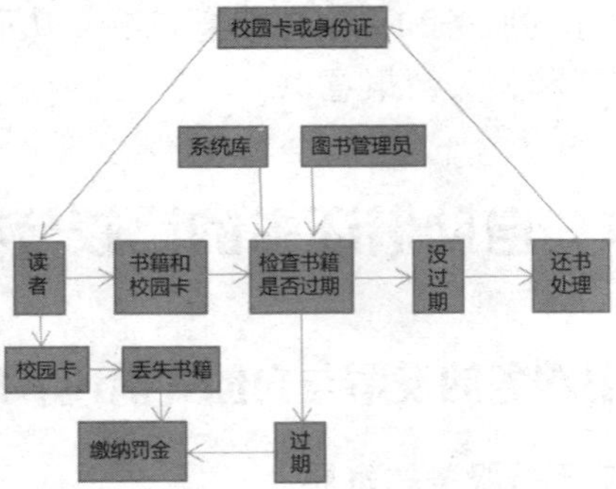

图9.2　自助还书流程

9.3.2 传统操作与自助借还书存在的问题及分析

（一）传统操作中借还书服务出现的漏借、窜借现象

一方面，由于一些图书馆依然是手工操作，发生的漏借、窜借现象比自助借还服务中出现的较多，例如杨芳借了 3 本书，但是等到她还书的时候，却意外发现自己还有 3 本书未还，这 3 本书并不是她所借，必然会发生不必要的纠纷。同时，也会出现读者还书的时候，结果发现所还的书并未在屏幕上显示其借阅的信息，因此，常会给图书馆造成一定的损失，也浪费了读者的阅读时间。另一方面，在借书高峰期的时候，由于相关工作人员的疏忽（只扫条形码，未看显示屏），容易出现借书窜借的现象，例如某位学生刚借一本书，结果屏幕上信息依然是前一位学生的，窜借现象从而发生。

（二）传统操作中借还书服务出现的漏还现象

图书馆里的书，有一部分是永久性的磁条，很难消磁，常有许多学生将其拿到借书处的时候，却因这本书不能消磁，要花费很多的时间才能处理，这样无疑浪费了双方的时间。还有一种情况，以某位学生为例，当他已归还 3 本书，但是过了一段时间后又向图书馆借书，却显示有两本书超期未还，需要缴纳相应的罚款，从而与工作人员发生不必要的矛盾。这个情况可能是由于管理人员工作上的疏忽，或者机器出现故障，导致条码未扫全就将书本收于图书库当中造成的误会。

（三）自助借还书系统的局限性

1．拒借拒还现象

在读者借书的过程中，自助借还系统主要依据读卡器进行相关的操作，通过对读者所提供的借书证中的信息，来分析其借还状态是否正常，针对借还状态不正常的读者，电脑则无法继续办理。此外一旦处于借还高峰期，图书磁场超出正常值，导致电脑借还系统无法继续读取与扫描，直接拒绝服务，也会出现拒借拒还现象。但是这种现象如果发生在开馆时间，则可以很好地解决，如果不幸发生于闭馆时间只能选择放弃。

2．难以正确识别部分读者的违规行为

现阶段的自助借还系统仅依据相关条形码和藏在图书当中的磁条磁场强弱防范借还书过程中将许多的书籍作为一册或者抽换图书等多种违规行

为，针对只归还贴有条形码的书籍、调包图书内容、污损图书及磁条的图书封面等多种违规行为，如今没有有效的防范措施。但是，在人工借还书中相关工作人员还是能及时发现图书被调包或者污损等突发情况，并且能够及时发现违规人员并能对相关责任人员进行相应的处罚或者教育，对有违规行为的读者会起到一定的威慑作用。某院馆购置了三台自助还书机器，主要用于提供自助还书服务，然而在还书过程中经常发现部分读者只归还带有条码的图书书套或者封面，图书污损的情况也比较严重，其污损率和丢失率显著高于传统借还的图书。

3．图书馆的工作效率显著受制于读者

自助借还服务的工作实质是将图书馆工作人员所完成的办理借还手续的工作统一由借阅的读者自行完成。同时，读者借还操作的系统效率主要决定于其对借还系统的了解和熟练程度，其熟练的程度普遍决定于使用系统的工作频率，因此，使用频率与熟练程度呈现正比例的关系。此外，自助借还的时间普遍比传统借还的时间短，速度快，如果使用频率和熟练程度均较高，则借还系统的效率则更高。也就是说，自助借还书系统的工作效率很高，但受制于读者。

9.3.3 图书馆借还服务中问题的解决对策

以往借还书服务是图书管理员传统的手工操作模式，而自助借还书服务则是读者利用机器设备自行借阅或归还图书资料的服务模式。这种服务模式的转变直接把借还书的重心从馆员转移到读者身上，所以，图书馆对读者加强培训、宣传很有必要，同时也要有相关服务配套措施以确保借还书能顺利进行。

（一）加强读者证件的有效管理

读者个人比较容易忘记自己的密码或者丢失自己的图书借阅证，但自己的手不可能“遗忘”或者“丢失”，且人的指纹或掌纹具有唯一性、不可逆性以及固定性。因此，把指纹或掌纹图像变成可存储的数字信息[101]，制作出具有指纹或掌纹技术的图书借阅证就能切实解决有关借阅证的易遗忘、易磨损、易被盗及易遗失等多个缺点，从而大幅度提升了图书管理的准确率和工作效率。

（二）延长服务时间和配套对应的服务措施

在传统手工操作借还服务模式下，读者只能在图书馆规定的上班时间内完成图书借还。自助借还书服务则完全摆脱了图书馆对读者借还图书的时间限制，服务时间得到有效延长。而且自助借还系统还可以有效化解高峰期的借还问题。在借还高峰时间，还可以让读者灵活地选择人工服务方式，而不需要排队等待。

（三）完善管理机制和模式

各类图书馆应该进一步完善馆内工作人员的岗位责任制，以提升工作人员的综合素质水平；建立馆藏相关管理规则以及加强读者监督机制等各种制度，从而规范读者借还的行为，降低工作人员的压力；进一步增强馆内工作人员的服务意识以及借还业务技能；积极宣传爱护图书活动，大幅度提升读者的责任心，严格遵守图书馆制定的规章制度，降低不良行为的发生几率，从而构建和谐的借阅秩序，创建良好的阅读环境服务于大众。

（四）重视工作人员的责任心培养

在读者办理开架书库借还书手续的时候，图书管理员必须按照系统操作规范严格执行，切实履行馆员的岗位职责，要做到嘴、手、眼协调一致，要对每位读者始终保持认真负责的态度，切记避免因不规范操作而导致漏借、窜借或者漏还等相关问题，以免给读者造成不必要的损失和麻烦。例如，有些图书馆采用的汇文管理系统借还模块借书操作方法有两种，当办理有关借还书手续时，馆员应按照不同借书方法对不同读者进行切换，绝对不能混用两种方法造成人为错误。另外，在办理借还书过程中，不要让其他读者把书展开放在桌面上等待，否则会由于扫描仪的扫描范围可能太大，而误将其他读者的书扫描到这名读者的名下。

参 考 文 献

[1] 曹振祥，储节旺，朋礼青．高校图书馆信息服务对知识创新绩效影响的实证研究[J]．图书馆学研究，2021（4）：65-74，37．

[2] 程秀峰，丁芬，夏立新．基于微服务架构的文献信息资源保障平台构建研究[J]．数字图书馆论坛，2021（4）：2-10．

[3] 杨振冰．网络文献信息服务探析[J]．图书馆，2003（2）：79-80．

[4] 中华人民共和国教育部．普通高等学校图书馆规程[EB/OL]．（2016-01-04）[2021-10-16]．http://www.moe.gov.cn/srcsite/A08/moe_736/s3886/201601/t20160120_228487.html．

[5] 申雅琪，张轶华，郭晶，等．经费不确定形势下高校图书馆文献信息资源建设应对策略[J]．大学图书馆学报，2021，39（3）：40-45．

[6] 项峻求，李情．基于机构知识库的图书馆出版政策研究[J]．河南图书馆学刊，2017，37（8）：87-88．

[7] 王哲．网络环境对我国高校图书馆的影响与对策[D]．吉林：东北师范大学，2007．

[8] 何雪琴．高校图书馆信息服务存在问题及对策研究[J]．农业网络信息，2016（5）：84-86．

[9] 查继红．网络环境下高校图书馆的服务和创新理念[J]．科技视界，2012（19）：232，189．

[10] 花蕾．知识经济下的图书馆服务模式[J]．现代经济信息，2010（2）：226．

[11] 石慧．网络信息环境下高校图书馆科研信息服务新探[J]．情报资料工作，2001（S1）．

[12] 张利，吴慰慈．21 世纪图书馆读者服务的发展趋势[J]．大学图书馆学报，2000（4）：47-49．

[13] 李国华，宋爱芳．网络环境下高校图书馆服务于中小企业自主创新的调查研究[J]．现代情报，2010，30（6）：80-84

[14] 潘美英．高校图书馆用户信息需求特点分析与信息服务对策[J]．农业图书情报学刊，2010，22（7）：252-254，264．

[15] 梁佳．网络技术与人的自由——赛博批评带来的思考[J]．宜宾学院学报，2007，7（4）：110-112.
[16] 高成嘉．图书馆在信息网络化中的延伸[J]．洛阳工业高等专科学校学报，2003，13（1）：84-84.
[17] 袁媛，杜小勇，马文峰．数字图书馆信息服务平台的建设[J]．现代图书情报技术，2003（5）：8-10.
[18] 桂玉杰，杜涛，蔡静，等．基于大数据的图书馆移动信息服务创新研究[J]．软件导刊，2016，15（12）：92-95.
[19] 赵文锋．大数据查询的结构和复杂性[D]．上海：东华大学，2018.
[20] 胡国义，郑明娜，邵根富．大数据基础人才培养现状与对策研究[J]．商展经济，2021（17）：101-104.
[21] 于伟波．大数据时代计算机网络安全问题及防范策略[J]．网络安全技术与应用，2021（10）：177-179.
[22] 汤文亮，汤树芳，张平．基于余弦测度的 Web 指纹识别算法的研究与改进[J/OL]．计算机科学 2019，46（10）：295-298.
[23] 汤文亮，李科．基于 RBAC 模型的权限管理改进研究与实现[J]．计算机工程与设计，2015，05：1181-1186，1232.
[24] 张涛．数据治理的组织法构造：以政府首席数据官制度为视角[J]．电子政务，2021（09）：58-72.
[25] 张良均，樊哲，赵云龙，等．Hadoop 大数据分析与挖掘实战[M]．机械工业出版社，2016，10.
[26] 徐红丽．大数据时代下高校图书信息管理研究[J]．智库时代，2020（9）：86-87.
[27] 吴洁．图书馆信息管理系统的过去与未来[J]．中国管理信息化，2013，16（16）：58.
[28] 陈群．论图书馆信息管理系统中的问题和对策[J]．河南图书馆学刊，2011，31（2）：86-88.
[29] 佟庆云．数字图书馆信息资源管理与建设研究[J]．图书馆理论与实践，2014（7）：78-80.
[30] 代琼．浅析现代图书馆的信息化管理[J]．魅力中国，2010（30）：167-167，168.
[31] 尚艳秋．转变信息服务观念与强化读者服务意识[J]．科技情报开发与经济，2005（04）：11-12.

[32] 朱丹，赵蕾霞．高校图书馆助力“双一流”建设服务分析与研究[J]．图书馆研究，2020，50（6）：26-32．
[33] 罗丽，杨新涯，周剑．智慧图书馆的发展现状与趋势——“智慧图书馆从理论到实践”学术研讨会会议综述[J]．图书情报工作，2017，61（13）：140-144．
[34] 夏立新，白阳，张心怡．融合与重构：智慧图书馆发展新形态[J]．中国图书馆学报，2018，44（1）：35-49．
[35] 阮光册，任金玥，涂世文．数据驱动下的图书馆用户行为研究[J]．图书馆杂志，2019，38（12）：28-37．
[36] 吴宗大，刘曦洋，赵又霖．数字图书馆用户行为隐私保护研究[J]．国家图书馆学刊，2020，29（01）：50-57．
[37] 刘斌，黄婧，李峰，等．大数据环境下高校图书馆数据管理与分析应用实践——以北京师范大学图书馆为例[J]．数字图书馆论坛，2018（10）：54-59．
[38] 马晓亭．数字图书馆大数据分布式存储架构模式与策略研究[J]．新世纪图书馆，2015（5）：43-46．
[39] 汤文亮，蔡静，杜涛，等．基于异构 WSNs 负载平衡的 CTP 协议设计[J]．计算机工程与设计，2017，38（7）：1746-1750．
[40] 马晓亭．大数据环境下图书馆敏感数据的识别与保护[J]．图书馆论坛，2017，37（4）：129-136．
[41] 任党利．高校图书馆数据管理与分析应用研究——以西安建筑科技大学图书馆期刊数据管理实践为例[J]．图书馆研究与工作，2020（6）：60-64．
[42] 刘威．网络环境下高校图书馆信息服务存在的问题与对策[J]．长春大学学，2010，20（08）：111-113，117．
[43] 江秋娣．高校图书馆个性化信息服务[J]．电子技术与软件工程，2021（17）：165-166．
[44] 段瑞梅．大数据环境下高校图书馆服务模式浅析[J]．图书馆工作与研究，2016（9）：107-109．
[45] 王明亮．信息服务到知识服务的转变——对标准化信息与知识服务产业化运作模式的探讨[J]．中国高校技术市场，2002（3）：29，50．
[46] 邓仲华，李立睿，陆颖隽．基于科研用户情景感知的嵌入式知识服务研究（上）[J]．情报理论与实践，2014，37（9）：16-19，34．

[47] 刘军军. 大数据时代高校图书馆信息服务模式创新研究[J]. 图书馆学刊，2017，39（11）：60-62.

[48] 李沛. 大数据环境下高校图书馆的应对模式和服务创新研究——以中国药科大学图书与信息中心为例[J]. 图书馆研究与工作，2019（8）：32-36.

[49] 杨文建. 大数据和"互联网+"影响下高校图书馆信息服务转型研究[J]. 图书馆工作与研究，2018（1）：72-77.

[50] 张希胜."双一流"建设背景下高校图书馆学科服务创新研究[J]. 大学图书情报学刊，2019，37（2）：7-10.

[51] 杨佳. 图书馆可视化信息服务探索——以上海图书馆、上海市中心图书馆即时数据展示屏为例[C]//第七届上海国际图书馆论坛. 2014.

[52] 李楠，张超，路璐，等. 新冠肺炎疫情下专业图书馆科研新媒体服务探究——以中国科学院文献情报中心"中国科讯"为例[J]. 图书情报工作，2020，64（15）：151-156.

[53] 徐青梅，陶蕊，叶继元. 数字资源与电子资源：概念辨析及术语规范探讨[J/OL]. 图书情报工作：1-12[2021-10-25]. https：//doi.org/10.13266/j.issn.0252-3116.2021.18.001.

[54] 索传军，郭艳艳，冯阳飏. 国内外数字资源服务绩效评估研究之对比分析[J]. 图书情报工作，2008（6）：67-70，149.

[55] 盛小平. 数字图书馆馆藏评价[J]. 图书情报工作，2003（5）：40-43.

[56] 柴俊红，王守宁. 数字资源建设浅论[J]. 图书馆学研究，2004（10）：51-53，25.

[57] 齐东鸿. 基于数据挖掘的少儿图书馆数字资源整合与延伸服务研究[J]. 图书馆学刊，2020，42（1）：50-53.

[58] 王伟，许鑫. 融合关联数据和分众分类的徽州文化数字资源多维度聚合研究[J]. 图书情报工作，2015，59（14）：31-36，58.

[59] Talja Sanna et al. Impact of research cultures on the use of digital library resources[J]. Journal of the American Society for Information Science and Technology，2007，58（11）：1674-1685.

[60] 杨蕾，李金芮. 国外公共数字文化资源整合元数据互操作方式研究[J]. 图书与情报，2015（1）：15-21.

[61] 李艳，郝大鹏，徐行. 图书馆元数据信息发布平台及其应用[J]. 计算机技术与发展，2014，24（2）：234-236，241.

[62] 范家巧．大数据时代图书馆数字资源的融合与转化[J]．图书馆论坛，2020，40（5）：38-44．
[63] 文庭孝，李维．大数据环境下数字资源融合初探[J]．信息资源管理学报，2015，5（2）：79-84．
[64] 刘晓英，文庭孝．大数据时代的数字资源融合研究[J]．图书馆，2015（2）：58-61．
[65] 黄鹤楠．大数据环境下数字信息资源融合探究[J]．图书情报导刊，2016，1（5）：150-152．
[66] UTHURUSAMY R．From Data Mining to Knowledge Discovery：Current Challenges and Future Directions[C]．FAYGAD U．Advances in Knowledge Discovery and DataMining．The MIT Press，1996：561-569．
[67] HANJ，KAMBER M，TUNGAK H．Spatial Clustering Methods in Data Mining[J]．A Survey Geographie Data Mining and Knowledge Diseovery，2008，8（10）．
[68] Nicholson S．Bibliomining for automated collection de-velopment in a digital library setting：Using data mining to discover Web-based scholarly research works[J]．Journal of the American Society for Information Science and Technology，2003，54（12）：1081-1090．
[69] 高巨山．数字图书馆构建中的数据挖掘应用研究[J]．图书馆工作与研究，2009，158（4）：20-21．
[70] 徐原青．基于读者满意度的数据挖掘在数字图书馆中的应用[J]．图书馆学刊，2009（7）：107-109．
[71] 潘小枫．数据挖掘技术及其在数字图书馆建设中的运用[J]．图书馆理论与实践，2006（4）：105-106．
[72] 李默．基于 Web 数据挖掘技术在数字图书馆建设中的应用[J]．大学图书情报学刊，2007（4）：105-106
[73] 汤文亮，张平，汤树芳．基于精英反向学习的改进萤火虫 k-means 算法[J]．计算机工程与设计，2019（11）．
[74] 赵卫军．数据挖掘技术在高校图书馆中的应用[J]．图书馆论坛，2007（4）：126-128．
[75] 王慧敏，贺兴时，牛四强．数据挖掘在高校图书馆中的应用[J]．西安工程大学学报，2014（2）：241-245．
[76] 孙健波．数据挖掘技术在高校图书馆中的应用[D]．南京：南京理工大

学，2009.
[77] 金瑶. 数据挖掘技术在高校图书馆管理系统中的应用[D]. 上海：华东师范大学信息学院，2010.
[78] 杨光，张学潮. 数据挖掘在高校图书馆用户行为分析中的应用———以山西大学图书馆为例[J]. 晋图学刊，2011（2）：19-27.
[79] 吴一平. 智能聚合技术在图书馆个性化信息服务中的应用[J]. 图书馆工作与研究，2008（11）：58-61.
[80] 史艳梅. 个性化服务中挖掘用户兴趣的 CMPS[J]. 现代图书情报技术，2005（03）：85-87，28.
[81] 柳炳祥，邓欢军，高淑妍，等. 基于数据挖掘的图书馆个性化服务系统[J]. 现代情报，2007（3）：108-109.
[82] 张英，赵艳君. 数字图书馆中多媒体数据挖掘的体系结构和方法[J]. 现代情报，2008（1）：92-94.
[83] 杨亚华. 基于知识管理与知识挖掘中的参考咨询服务探讨[J]. 科技情报开发与经济，2007（29）：28-30.
[84] 韩雪. 构建高校图书馆区域资源共享体系研究[J]. 河南图书馆学刊，2015，35（5）：62-63.
[85] 蔡晓峰. 论高校图书馆信息检索服务[J]. 中小企业管理与科技（上旬刊），2009（12）：72.
[86] 项峻求，李情，钱晓芳，等. 社会文化障碍对用户信息搜索行为的影响研究[J]. 情报探索，2017（3）：15-17.
[87] 刘澜，秦立国. 网络环境下高校图书馆个性化信息服务[J]. 河南图书馆学刊，2014，34（1）：40-42.
[88] 李情，汤文亮，项峻求. 基于学生课程信息的个性化图书馆网站设计[J]. 农业图书情报学刊，2016，28（9）：127-130.
[89] 王宁. 基于用户体验的高校图书馆嵌入式服务发展探析[J]. 合肥工业大学学报（社会科学版），2013，27（3）：134-140.
[90] 牟静. 大数据环境下的高校图书馆阅读推广研究——利益相关者共赢视角[J]. 图书馆研究，2015，45（1）：72-75.
[91] 朱小梅，叶莎莎. RFID 系统在图书馆的应用及存在的问题研究——以中国人民大学为例[J]. 图书馆学研究，2012（7）：34-37，43.
[92] 李情，项峻求. 基于技术接受模型的图书馆员对移动服务态度研究[J]. 情报探索，2015（3）：31-34.

[93] 范爱红，林佳，邵敏．清华大学图书馆虚拟参考咨询服务——探索、实践与思考[J]．上海交通大学学报，2003（S1）：54-57，62．
[94] 汤文亮，周琳颖．基于三角形外接圆覆盖的改进 APIT 定位算法[J]．传感技术学报，2015，01：121-125．
[95] 汤文亮，曾祥元，曹义亲．基于 ZigBee 无线传感器网络的森林火灾监测系统[J]．实验室研究与探索，2010，（6）．
[96] Wenliang Tang．A Two-Dimensional Millimeter Wave Imaging Radiometer for Object Detection[J]．International Journal of Digital Content Technology and its Applications（JDCTA），Volume 5，Number 11，November 30，2011．
[97] 汤文亮，袁柯，马浩航．基于数字孪生的设备 RUL 预测研究[J]．制造业自动化，2021，43（12）：46-49．
[98] 张春红，廖三三，巩梅，等．变革与走向：共同探索图书馆的未来——北京大学图书馆建馆 110 周年国际研讨会暨 PRDLA2012 年年会综述[J]．大学图书馆学报，2013，31（1）：5-14．
[99] 汤文亮，杜涛，张秋淼．高校软件工程专业大数据实践教学平台建设的探索与实践[J]．华东交通大学学报，2017，34：98-101．
[100] 汤文亮，严丽平．螺旋型软件人才培养模式下产学研结合模式的探讨[J]．实验技术与管理，2010，（11）：144-146，189．
[101] Tang Wenliang，Competitive region orientation code for palmprint verification and identification[J]. Journal of Electronic Imaging，2015（6）.